Zu diesem Buch

Dyadologie – ein neuer Begriff bezeichnet die Wissenschaft von der Entstehung, den Entwicklungsstufen und Formen der Liebe.

Der 1903 in Frankfurt geborene Rechtsphilosoph und Schriftsteller Otto Mainzer wurde von den Nazis gehindert, eine glanzvoll begonnene Universitätslaufbahn zu vollenden. Nach dem Tod des Dichters und Denkers 1994 in New York ging seine Witwe daran, mit Hilfe der von ihm gestifteten Otto and Ilse Mainzer Fellowship den Anstoß zur wissenschaftlichen Erforschung der Liebe zu geben.

Erster Preisträger ist der prominente Frankfurter Liebesforscher Michael Lukas Moeller. Seine Leistung als Wissenschaftler, Therapeut und Autor würdigt im vorliegenden Buch die Berliner Psychoanalytikerin und Psychologieprofessorin Eva Jaeggi. Hans Christian Meiser und Ilse Wunsch-Mainzer beschreiben, warum heute kein anderer Kandidat Otto Mainzers Ideen so kongenial voranbringt wie Michael Lukas Moeller.

Der Autor

Prof. Dr. med. Michael Lukas Moeller, geboren 1937 in Hamburg. Psychoanalytiker. 1973 bis 1983 Professur für Seelische Gesundheit in Gießen. Seit 1983 auf dem Lehrstuhl für Medizinische Psychologie an der Goethe-Universität in Frankfurt am Main.

Michael Lukas Moeller

Auf dem Weg zu einer Wissenschaft von der Liebe

Dyadologie: Die Lehre vom Dialog der Dyade

Erste Verleihung des von der
Otto and Ilse Mainzer Fellowship,
New York, gestifteten
Internationalen Otto Mainzer Preises
für die Wissenschaft von der Liebe
an Michael Lukas Moeller
am 10. Oktober 2000 in der
Goethe-Universität
zu Frankfurt am Main

Rowohlt Taschenbuch Verlag

Wer zur Entwicklung seiner Paarbeziehung
Kontakt wünscht, wende sich an:

**Prof. Dr. med. Michael Lukas Moeller
dyalog Fortbildung in Partnerschaft
Günthersburgallee 77 · D-60389 Frankfurt am Main
Tel: 069 – 4 69 15 82 · Fax: 069 – 46 18 01**

Die **Internetadresse** *www.dyalog.de* bietet Überblick
und Termine zu den Angeboten an
Zwiegesprächsseminaren, Paargruppen,
Wochenendgruppen und weiteren Veranstaltungen
von Michael Lukas Moeller.

Originalausgabe
Veröffentlicht im Rowohlt Taschenbuch Verlag GmbH,
Reinbek bei Hamburg, März 2002
Copyright © 2002 by Rowohlt Taschenbuch
Verlag GmbH,
Reinbek bei Hamburg
Umschlaggestaltung Ingrid Albrecht
(Foto: Daniel Fuchs)
Satz aus Sabon
von Pinkuin Satz- und Datentechnik, Berlin
Druck und Bindung Clausen & Bosse, Leck
Printed in Germany
ISBN 3 499 61417 0

Die Schreibweise entspricht den Regeln der
neuen Rechtschreibung.

Inhalt

Michael Lukas Moeller
Über die Liebe
11

Ilse Wunsch-Mainzer
«Unendliches Neuland für eine
unvoreingenommene experimentelle
Sexual-Psychologie»
53

Eva Jaeggi
Psychoanalyse, Selbsthilfe, Paartherapie.
Der «Designer des Zwi» wird
zum «Papst der Paare»
61

Hans Christian Meiser
Mut zur Liebe. Otto Mainzer,
Michael Lukas Moeller und die
Herausforderung zur Selbstbefreiung
81

Michael Lukas Moeller
Die Liebe, das Leben und
die Leistung
93

Goethe-Universität Frankfurt am Main

uni-news +++ uni-news +++ uni-news

Der Frankfurter Psychoanalytiker und Paartherapeut Professor Dr. med. Michael Lukas Moeller erhält als erster Preisträger den New Yorker Otto-Mainzer-Preis für die Wissenschaft von der Liebe. Der Direktor des Instituts für Medizinische Psychologie am Frankfurter Universitätsklinikum wird für seine herausragenden Beiträge zum Verständnis der Bedingungen von Liebe und Sexualität ausgezeichnet. Den Preis wird die Stifterin Ilse Wunsch-Mainzer, Witwe von Otto Mainzer, überreichen. Laudationes sprechen Prof. Dr. Eva Jaeggi (Berlin), Dr. Hans Christian Meiser, General Representative der Stiftung, Dr. Karl Reuter, ehemaliger Vorstand des deutschen Arbeitskreises für Gruppenpsychotherapie und Gruppendynamik, Dr. Ellis Huber, ehemaliger Präsident der Berliner Ärztekammer, Hermann Gieselbusch, leitender Sachbuchlektor beim Rowohlt Verlag, Reinbek.

Aus: *uni-news*, herausgegeben vom Präsidenten der Goethe-Universität Frankfurt am Main, 28. September 2000; leicht gekürzt und bibliographisch aktualisiert.

Den Festakt wird der Vizepräsident der Goethe-Universität, Prof. Dr. Horst Stöcker, eröffnen; Grußworte sprechen der Kulturdezernent der Stadt Frankfurt, Dr. Hans-Bernhard Nordhoff, und der Dekan des Fachbereichs Humanmedizin, Prof. Dr. Gebhard von Jagow.

Moeller erhält den Preis für sein innovatives Engagement in der Psychoanalyse, besonders in der Paartherapie. Er entwickelte neue Methoden des Dialogs in vielfältigen Zweierbeziehungen, die sich deutlich von den traditionellen Positionen abheben. Moeller plädiert für den dritten Weg in der psychosozialen Versorgung, für die professionell begleitete Selbstentwicklung jenseits der reinen Selbsthilfe und des puren Expertenmonopols. Als Initiator des bundesweit expandierenden Zwiegespräch-Netzwerks hat Moeller seine aus der Paartherapie kommende Methodik auch auf den Dialog zwischen Ost- und Westdeutschen übertragen.

Niederschlag finden seine lebenspraktischen und theoretischen Überlegungen in zahlreichen allgemein verständlich geschriebenen Büchern, die alle bei Rowohlt erschienen sind: *Die Liebe ist das Kind der Freiheit* (1. Auflage 1986, weitere bis 2001); *Die Wahrheit beginnt zu zweit. Das Paar im Gespräch* (1. Auflage 1988, weitere bis 2001); *Die Einheit beginnt zu zweit. Ein deutsch-deutsches Zwiegespräch* (gemeinsam mit Hans-Joachim Maaz, 1. Auflage

1992, weitere bis 1998); *Worte der Liebe. Erotische Zwiegespräche* (1. Auflage 1996, weitere bis 2001); *Gelegenheit macht Liebe. Glücksbedingungen in der Partnerschaft* (1. Auflage 2000, weitere bis 2001).

Der Paartherapeut wird auch geehrt für sein maßgebliches Engagement in der Selbsthilfebewegung. In der Ankündigung der Otto-und-Ilse-Mainzer-Stiftung heißt es dazu weiter: «Dabei steht die Gefahr der ‹Entselbstung›, der Entmündigung durch die Sprachlosigkeit und der bedrohlichen Verödung der Beziehungen im Zentrum seines Engagements.» Mit dem Preis ist auf Einladung der Stiftung auch ein Vortrag an der New York University verbunden.

Moeller setze – so die Stiftung – Otto Mainzers Entwurf zu einer entwickelteren Beziehungskultur fort, wie Mainzer sie in den Werken *Die Eroberung des Geschlechts* und *Prometheus* in den dreißiger Jahren formulierte. Mainzer, 1903 in Frankfurt geboren, war ein brillanter Rechtsphilosoph und psychoanalytisch orientierter, kulturkritischer Schriftsteller aus jüdischer Familie. Er konnte den Verfolgungen des Nationalsozialismus 1939 über Paris in die USA entkommen. Sein Hauptwerk *Prometheus* wurde von Thomas Mann, Lion Feuchtwanger und Bruno Frank im Rahmen der American Guild for German Cultural Freedom ausgezeichnet.

Michael Lukas Moeller

Über die Liebe

> «Jede psychoanalytische Behandlung ist ein Versuch, verdrängte Liebe zu befreien.»
> *Sigmund Freud*[1]

Die Urkugel menschlicher Existenz

Der Gott der Liebe sei der «menschenfreundlichste unter den Göttern», eröffnete Aristophanes in Platons *Gastmahl (Symposion)* seinen Zuhörern, «da er den Menschen Beistand und Arzt ist»[2], und begann jene Sage zu erzählen, die durch die gesamte europäische Geschichte bis hin zu den Entdeckungen der Psychoanalyse die Theorien der Liebe am nachhaltigsten prägt:

Die Urmenschen seien Kugeln dreierlei Geschlechtes gewesen: männliche, weibliche und bisexuelle. Sie besaßen zwei Gesichter, vier Arme, vier Beine, zwei Geschlechtsorgane und konnten nach Belieben vor-

---

Hauptvortrag, leicht bearbeitet, auf dem Ersten Kongress des World Council of Psychotherapy (WCP) in Wien am 3. Juni 1996. Die Druckfassung erschien zuerst in der *Zeitschrift für Individualpsychologie*, 24. Jahrgang, Seite 3–18 (1999), Ernst Reinhardt Verlag, München und Basel.

wärts und rückwärts gehen. Dergestalt waren sie so mächtig, dass sie sogar die Götter bedrohten: Sie wollten sich «einen Zugang zum Himmel bahnen».[3] Zeus schnitt sie deswegen in jeweils zwei Hälften auseinander: So entstanden wir Menschen von heute als heterosexuelle, schwule oder lesbische Paare. «Als nun ihre ursprüngliche Gestalt in zwei Teile gespalten war, ward jede Hälfte von Sehnsucht zur Vereinigung mit der anderen getrieben: Sie schlangen die Arme umeinander und schmiegten sich zusammen, voll Begierde zusammenzuwachsen.»[4] Wir waren ganz, erläutert der Dichter Aristophanes, «und dies Verlangen eben und das *Trachten nach dem Ganzen* heißt Liebe».[5]

Der Mythos enthält fundamentale Einsichten zum Wesen der Liebe, wie sie erst zweieinhalbtausend Jahre später die Psychoanalyse aufdeckte: Die Liebe findet den ursprünglichen Zustand der *mächtigen Vollkommenheit* wieder, sie geht zurück in die frühe Kindheit, deren Sexualität eine umwälzende Entdeckung der Psychoanalyse war, zurück in die verlorene *Bisexualität*. Sie entspringt einer gewaltsamen Teilung, die einem Trauma gleichkommt. In der erotischen Bindung heilt diese Verletzung ab. Liebe wird damit zum Inbegriff eines antitraumatischen Vorgangs, ja zum Gegensatz des Traumas.

Ich war allerdings überrascht, nirgends einen Hinweis auf die Form der Kugel zu finden, die sich in ihrer ganzen Offenkundigkeit verbirgt: Ihre runde Wölbung scheint mir eindeutig den *hochschwangeren Bauch* wiederzugeben, als Symbol des seligen Vereintseins mit der ersten großen Liebesfigur, der Mutter, und dem wunschlosen Glück des intrauterinen ozeanischen Gefühls, das jede Liebe begleitet.[6] In diesem Bauch ist wohl einerseits ein Nachhall der *Fruchtbarkeitsmythen* enthalten – aus Vorzeiten, als die Liebesgottheiten noch nicht arbeitsteilig gesondert waren –, andererseits illustriert sie die meines Erachtens basale Phantasie jeden *Liebemachens als Umkehr des Geburtsaktes*. Das Paar inszeniert eine Umkehr der Geburt mit verteilten Rollen: Die Frau bietet den Ort des Ursprungs, und der Mann kehrt zu ihm mit geistergleicher Genauigkeit zurück. Beide nehmen als gemeinsame Urheber dieser Schöpfungsgeschichte an beiden Positionen teil. In der homosexuellen und lesbischen Liebe wird dasselbe Thema variiert. Wie das Hintergrundrauschen unseres Kosmos noch heute vom Moment der Entstehung des Alls kündet, so gibt es kein Lieben ohne die Urphantasie des eigenen Werdens im Hintergrund, ohne die stille Vorstellung vom eigenen Gezeugt- und Geborenwerden: *Indem wir zeugen und gebären, zeugen und gebären wir uns selbst*. Das ist die tiefe Einheit von Lust und Autonomisierung.

Dieses Erleben der Lebensentstehung beim Liebemachen ist also simultan rückwärts und vorwärts gewandt: Es *wiederholt* die eigene Geburt, wie es die kommende *entwirft*. Selbstgeburt und Geburt sind seelisch aus einem Guss, die so genannte narzisstische, besser emanzipatorische, und die partnerbezogene Bedeutung der Erotik ist darin gespiegelt.

Die genannte Sage weist aber schon auf die schmerzensreichere und daher weniger prominente *zweite Theorie der Liebe* Platons: Die Halbheit unserer Existenz und die erotische Sehnsucht zeugen in der Liebe von Verlust und Mangel.

So kann man den folgenden *Bericht von der Geburt des Eros* lesen wie einen Übergang vom Mythos zu Sokrates' scharfsichtiger Demontage der Liebe als Gott.

Ein großes Fest bei der Geburt der Aphrodite versammelte nicht nur alle Götter, sondern auch Poros, den Erfindungsreichtum, und Penia, die Armut. Poros war trunken. Penia gelang es, den Benommenen zu verführen und von ihm Eros zu empfangen. So hat Eros von der Mutter her keine Schuhe, kein Dach über dem Kopf, schläft auf nackter Erde unter freiem Himmel und leidet ständig Mangel, während ihn vom Vater her jene Unternehmungslust erfüllt, die Jahrtausende später im Entwurf von Erik H. Erikson[7] der Initiativereichtum einer gelungenen ödipalen Phase genannt wird. Der Psychoanalytiker Martin S. Bergmann sieht in dieser Elternschaft des Eros das paradoxe Gefühl vieler Liebenden wiedergegeben, «immens reich zu sein und doch wieder trostlos arm, wenn der Geliebte fern ist oder uns verlassen hat».[8]

Sokrates hat seine desillusionierende Einsicht in

die Liebe bezeichnenderweise von einer Frau, von Diotima. Sie formulierte die *zweite Theorie Platons*: Die Liebe kann kein Gott sein, weil sie auf Mangel gründet. Kein Gott aber leidet Mangel. Die Liebe ist vielmehr weder göttlich noch profan: Sie ist ein Dämon. Eine der millionenfachen Definitionen der Liebe lautet dementsprechend: *Die Liebe ist eine Krankheit, die nur der geliebte Mensch heilen kann.*[9] Wer hätte das nicht schon erfahren?

Die aufregende Geschichte der Liebe in der europäischen Kulturentwicklung hat also in Platons *Gastmahl* schon einen spannenden Beginn: Keine Auffassung der Liebe wird diesen doppelten Aspekt übersehen können, ihren unendlichen Reichtum, die Erfüllung und ihre abgründige Armut, das Unerfülltsein. Die Liebe steht mit beiden Beinen, Reichtum und Armut, fest auf dem Boden des Lebens. Doch wird diese Dialektik in den Konzepten der Liebe gern übersehen.

Im neunzehnten Jahrhundert, der Zeit der industriellen Revolution, als sich das heutige Bürgerideal der Liebe aus der Spaltung von Arbeit und Leben gemeinsam mit der intimen Kleinfamilie ergab, legten der Dichter Stendhal[10] und der Philosoph Schopenhauer[11] das Fundament für die Überschätzung der Liebe, für jene *Idealisierung* also, an der wir wissenschaftlich wie persönlich so gern festhalten. Ganz neu ist diese Eigenschaftszuschreibung natürlich nicht; denn die Liebe selbst enthält in ihrer Psychodynamik das Merkmal der Idealisierung – des Partners, der Gefühle und oftmals auch der eigenen Person.

Enthüllungen der Liebe

Die allseitige Beschönigung der Liebe überwiegt – wenn auch in den Konzeptualisierungen gelegentlich Verfinsterungen auftauchen, welche die Liebe wie ein potemkinsches Dorf des Hasses dastehen lassen. Unsere unbewusste Methode ist klar: Das Licht der Liebe missbrauchen wir, um ihren Schatten abzuwehren, den Schatten nehmen wir hie und da, um ihr Licht zu verdunkeln. Was wir spontan unter Liebe verstehen, ist daher in der Regel ein Abwehrbild – wie es wohl generell auch unsere Wirklichkeitsauffassung sein dürfte. Überspitzt formuliert: Unsere Realität ist eher eine *Illusion im Dienste seelischer Stabilisierung*, sie hat mit der wahren Realität wenig gemein.

Neun große Schleier der Idealisierung gaukeln uns ein idyllisches Bild der Liebe vor, das mit seinem Original kaum noch Ähnlichkeit hat. Ich möchte sie zu heben versuchen.

1. Glück und Unglück erzeugen sich wechselseitig

«Alle unter dem Himmel können Schönes als schön wahrnehmen, nur weil es Hässliches gibt.» So beginnt der zweite Vers des *Taoteking* von Laotse, der den

Menschen in seiner Erlebniswahrnehmung als ein vergleichendes Wesen definiert und daher die wechselseitige Erzeugung aller Gegensätze hervorhebt.[12] Das Glück, das selbst Freud[13] mit der Liebe in ihrer flüchtigen Erfüllung gleichsetzt, ist demnach von uns nur im gleichen Maße zu erleben, zu fassen, zu genießen, in dem wir das Unglück erlitten. Die Intensität der Liebe ist in unserem Erleben stets an die Intensität des Leidens gebunden. Diese fundamentale Gesetzmäßigkeit vergessen jene, die im ewigen Glück verweilen wollen – und wer gehörte dazu nicht? Auch Psychoanalytiker urteilen ähnlich, wenn sie postulieren, dass eine erfüllende Liebe vor allem von den seelisch Gesunden erlebt werden könne. Dem würde ich nur zustimmen können, wenn zur seelischen Gesundheit auch eine tiefere Erfahrung des Unglücks gehörte.

Wenn also nicht das pure Glück zu den wesentlichen Zielen des menschlichen Lebens gehören kann, weil es immer mit der Erfahrung seines Gegensatzes verbunden sein muss, was soll dann an die Stelle der ersehnten Seligkeit treten? Ich meine: das Erleben der Gegensätze, also der Intensität des Lebens. Aber ich gestehe, dass ich, bin ich einmal selbst im Glück, diese Einsicht nur widerstrebend zulassen will.

Gerade weil die Liebe eine Himmelsmacht ist, eine Inkarnation des menschlichen Glücks, gibt es nichts Vergleichbares, was für mehr *Unglück* im Leben verantwortlich ist. Das scheint mir als Erstes *verschleiert* zu werden.

2. Aggressivität der Liebe

«Die Entstehungs- und Beziehungsgeschichte der Liebe macht es uns verständlich, dass sie so häufig ‹ambivalent›, das heißt in Begleitung von Hassregungen gegen das nämliche Objekt auftritt. Der der Liebe beigemengte Hass rührt zum Teil von nicht völlig überwundenen Vorstufen des Liebens her, zum andern Teil begründet er sich durch Ablehnungsreaktionen der Ichtriebe, die sich bei den häufigen Konflikten zwischen Ich- und Liebesinteresse auf reale und aktuelle Motive berufen können.» So formulierte Sigmund Freud 1921.[14] Liebe ist von Anbeginn ohne Aggressivität nicht vorstellbar. Georges Bataille hat diesen Aspekt vielleicht am stärksten betont. Die moderne Sexualwissenschaft spricht von der falschen Friedfertigkeit der Zweierbeziehung «mit ihrer Diktatur von Zärtlichkeit und permanenter Gegenseitigkeit und der Verleugnung aller aggressiven Dynamik, ohne die Liebe weder zu denken noch zu erleben ist».[15] Vielleicht macht dieser inhärente aggressive Aspekt der Liebe mehr Schuldgefühle als ihre sexuelle Dimension. Jedenfalls wird er entweder unterschlagen oder moralisch abgewertet, oder als Bestandteil von Störung und Unreife angesehen und auch damit abgewehrt. Was die Musikkritiker der Romantik von Beethovens Symphonien sagten, gilt auch für die menschlichen Liebesformen und Sexualitäten: Sie sind «Tauben und Krokodile zugleich». Das wird zu schnell vergessen.

Der zweite Schleier verhängt diese Aggressivität. Anna Freud sah die Idealisierung als eine Abwehrmethode, die sich speziell gegen die Aggressivität richtet. So weist die allgemeine Idealisierung der Erotik, der Himmel der Liebe, auf die unbewusste Bemühung, ihren aggressiven Gehalt in Schach zu halten. Beispielsweise sind Liebe wie Lust, die so oft als friedensstiftend gelten, erstrangige Kriegstreiber – am einfachsten zu erkennen, wenn wir die Bedrohung unserer Liebsten abwenden wollen. Wir ziehen in den Krieg, um unsere Nächsten zu schützen. Ein weiterer archaischer und bislang immer noch im Unbewussten wirkender Kriegsgrund ist der Frauenraub. In der Erotik der Kriegsbereitschaft sind noch weitere zwanzig Lustformen gebündelt, die man zur Liebe zählen kann.[16]

3. *Liebe verleugnet Traumatisierungen*

«Unter den Fittichen der Liebe wohnt die Verletzung», sagt Khalil Gibran[17] und grenzt mit dieser Definition die Liebesbeziehung von der Freundschaft ab. Damit wird Havelock Ellis' Formel untergraben, Liebe sei «eine Synthese von Lust und Freundschaft».[18] Liebe kann zuweilen eine ganze Abwehrformation gegen eine traumatische Grundlage sein. Psychoanalytiker kennen die *erotische Übertragung* als Abwehr einer psychotischen Verfassung.[19] Und es ist für mich unstrittig, dass sich bei lang dauernden und intensiveren

Liebesbeziehungen ebenso Übertragungen herstellen können wie in der analytischen Situation. Robert J. Stoller hat diesen Abwehraspekt der Liebe totalisiert und gleichsam auf die apokalyptische Spitze getrieben: In der sexuellen Erregung inszenierten wir spezifische infantile Traumatisierungen, um sie aufzuheben und zu verleugnen. Niederlagen werden so zum Sieg umgemünzt. Feindseligkeit in allen Verdünnungen und Verdichtungen wird zum Bestandteil der Liebe. Der Partner wird gleichsam zum Fetisch. Die Kunst des Liebens wird bei ihm nahezu zur Kunst des Hassens – auf dem Hintergrund der kindlichen Verletzungen. «Meine Theorie macht sexuelle Erregung einmal mehr zu einem Beispiel für das, was andere seit Jahrtausenden gesagt haben: dass der Mensch kein sehr liebendes Wesen ist, vor allem dann nicht, wenn er Liebe macht. Zu schade.»[20] Stoller ist ein Beispiel für die psychoanalytische Tradition der Schule des Verdachtes und der radikalen Entlarvung dessen, was wir unbewusst und bewusst nicht wahrhaben wollen. Er sieht aber meines Erachtens die integrierende Kraft, die Ressourcen der Liebe, zu wenig. Sein Schwarzbild der Liebe ist ebenso einseitig wie das von uns angehimmelte Lichtbild. Betrachtet man allerdings die Liebe nicht in solchen Kategorien, sieht man in diesen verwundungsorientierten Beobachtungen vielmehr eine wesentliche Dimension jeder Liebe, dann können wir diesen dritten Schleier leichter heben, um die Gestalt der Liebe wahrhaftiger zu erfassen.

4. «Nur wer die Liebe meidet, kann dem Schmerz entgehen.»

«Nur wer die Liebe meidet, kann dem Schmerz entgehen. Es kommt darauf an, aus ihm zu lernen und durch Liebe verwundbar zu sein.»[21] Diese Einsicht von John Brantner habe ich erst wirklich begriffen, als ich nach einer Liebestrennung selbst sehr trauerte. Vorher gelingt einem das wohl nicht. Das weist auf ein erkenntnistheoretisches Dilemma im Reich der Liebe: Wir müssen sie selbst ganz erfahren haben, um sie wirklich zu verstehen. Ich komme darauf zurück. In einem Liebesbrief heißt es: «Ich bin so glücklich mit dir! Wie viel Unglück ist darin wieder angelegt.» Zunächst geht es um die jedem Liebenden bekannte innere Bedrohung: Je tiefer ich mich auf die Liebe einlasse, je stärker sie sich zwischen uns entwickelt, je intensiver und ganzheitlicher die Empfindung wächst, desto mehr muss ich die innere Spannung, die Furcht und die Angst aushalten lernen, die ihr möglicher Verlust mit sich bringt. Und wir wissen, dass sich in einem Liebesverlust alle anderen Trennungen seit der frühesten Zeit remobilisieren. Liebe macht allein deswegen immer auch doppelt Angst: einerseits wegen eines stets möglichen aktuellen Verlustes und andererseits wegen der traumatischen Wiederholung.

Der Liebesentzug wirkt aber ständig auch noch anders. Denn die Liebe umfasst die ganze Person bis hinein ins Körperliche. Deshalb verwenden so viele

Gleichnisse der Liebe auch körpernahe Bilder wie die genannte Metapher, Liebe sei eine Krankheit. Nirgends werden wir wohl verletzbarer, kränkbarer, als im Ausgeliefertsein der Liebe.

Unter heutigen gesellschaftlichen Bedingungen, in denen tiefe Bindungen kontraproduktiv wirken und durch die allgemeine, wirtschaftsbedingte Mobilitätsforderung kurzzeitigere Beziehungen und Singletum eindeutig gefördert werden, entsteht für die Liebe ein ambivalentes Dilemma: Die gesellschaftliche Lage befreit uns wie ein genereller Abwehrschild von den der tiefen Liebe innewohnenden Ängsten, lässt aber auch nur schmale Hoffnung aufkommen, Liebe überhaupt zu realisieren. Wir ersehnen sie einerseits stärker – umso mehr, als wir dieses Verlangen deutlicher zulassen können, weil wir seine Erfüllung nicht zu befürchten brauchen – und wir können aus eben diesem Grunde auch intensiver klagen, dass sie in diesen liebeswidrigen Zuständen nur schwer gelingen kann.

Der vierte Schleier verhüllt also die fatale Liebesgleichung, dass die Größe des Glücks das Ausmaß des Unglücks bestimmt. Nur die Liebe schafft das Grauen der Einsamkeit. Deshalb sagte Anton Tschechow: «Wer die Einsamkeit fürchtet, sollte nicht heiraten.» Haben wir diese vierte Verschleierung gehoben, finden wir unmittelbar darunter in mehrfachen Lagen den fünften Schleier:

5. Das Unglück überwiegt in der Liebe

Denn Freuds Auffassung[22], dass im vermeintlichen Glück der Liebe das Unglück letztlich überwiege, gründet primär nicht im bedrohlichen Verlust der gegenwärtigen Beziehung, sondern in der von ihm entdeckten Tatsache, dass die gegenwärtige Liebe nur einen Abglanz der viel größeren Liebe der Kindheit darstellt.

Damit geraten mehrere Enttäuschungen in jede erotische Bindung: Erstens erscheint im unbewussten Vergleich zur geliebten Elternfigur selbst der größte Geliebte nur als zweite Wahl.

Zweitens werden mit der Übertragung dieser großen kindlichen Liebe auf den neuen Partner auch alle Schuldgefühle mitübertragen, die zu erotischen Hemmungen führen; sicher ein großer Beitrag zur heute weltweit festgestellten *Desexualisierung* fester Beziehungen.[23]

Wo drittens eine schmerzvolle Beziehung zu den Eltern gegeben war – diesen Aspekt streifte ich schon bei den Trennungswiederholungen –, werden auch alle weiteren belastenden Empfindungen wie Nichtwahrgenommensein, Neidgefühle, Entwertungen und Enttäuschungszorn aus der frühen Zeit wiederbelebt.

Schließlich kann viertens auch die große Qualität der primären Liebe[24] und anderer kindlicher Liebesformen später im Erwachsenenalter kaum mehr erlebt werden. Allein der Schmerz, die ursprüngliche Bisexualität zugunsten einer einseitigen Geschlechtsidentität aufgeben zu müssen, gilt manchen Analytikern als oft nicht verwundener Verzicht.[25]

Auch diese Bitternisse verhüllt die Liebe des siebten Himmels, obwohl es doch im Deutschen das schöne Parallelwort zur Liebe gibt, das ihre Qual unmissverständlich widerspiegelt: *Leiden*schaft.

6. «*Der höchste Sinn der Erotik ist der Tod*»

«Der höchste Sinn der Erotik ist der Tod.» Georges Bataille hat diesen Zusammenhang in seinem Hauptwerk *Der heilige Eros* am deutlichsten formuliert.[26] Über dieser Todesähnlichkeit der Liebe hängt der sechste Schleier – oft in Form von Rationalisierungen. Doch alle Menschen, die das Leben intensiv erfahren haben, wissen um diese tiefe Einheit von Lieben und Sterben. Sieht man die Liebe als die höchste Form der Lebendigkeit, so ist allein aufgrund der eingangs genannten wechselseitigen Erzeugung der Gegensätze die Todesnähe der Liebe unbewusst gegeben. Tod wie Liebe entsprechen dem Auflösen des Ichs, dem Eingehen in das ewige Kontinuum. In *Die Tränen des Eros* beschreibt Bataille das Herz des Todes in der Liebe.[27]

«Ist aber das Wesen des Menschen in der Sexualität beschlossen, die sein Anfang und Ursprung ist, dann steht er vor einem Problem, das nur in Bestürzung münden kann.

Diese Bestürzung ist mit dem ‹kleinen Tod›[28] gegeben. Wie soll ich den kleinen Tod erleben, wenn nicht als Vorgeschmack des endgültigen Todes?

Die Gewalt der konvulsivischen Lust lebt tief in meinem Herzen. Diese Gewalt ist zugleich – ich sage es voll Angst – das Herz des Todes: Es öffnet sich in mir.»

Harold Brodkey[29] schreibt in seiner Erzählung *Unschuld*, in der es um einen detaillierten inneren Monolog während eines Liebemachens geht: «In der gewaltigen Lust, die ich trotz all dieser Mühe spürte, konnte ich sehen, warum eine Frau stolz auf das war, was sie empfand, und warum ein Mann so weit gehen konnte, sie umzubringen, um diese Zeichen der Lust in ihr zu stimulieren (auch wenn er wahrscheinlich nicht wüsste, dass dies der Grund wäre, warum er es täte).»

Bataille: «Der Trieb der Liebe ist, bis zum Äußersten gesteigert, ein Todestrieb. Diese Verbindung sollte nicht paradox erscheinen: Der Exzess, aus dem die Zeugung hervorgeht, und der Exzess des Todes können nur der eine mit Hilfe des anderen verstanden werden.»[30] «Das Leben hört nicht auf zu zeugen, aber nur, um zu vernichten, was es zeugt.»[31] Ähnliches formulierte Schopenhauer in seiner *Metaphysik der Geschlechtsliebe*, wenn er hervorhebt, dass es der Liebe als dem in die Individuen eingegebenen Willen der Gattung, sich in künftigen Generationen fortzusetzen, nie auf den einzelnen Menschen selbst, den Liebenden, ankäme. «Gegen die Wichtigkeit seiner (Kupidos) großen Angelegenheit ... sind die Angelegenheiten der Individuen ... sehr geringfügig: daher ist er stets bereit, diese rücksichtslos zu opfern.»[32]

In der Psychoanalyse gibt es neben dem Hauptabwehrmechanismus des *phantasievollen Intellektualisierens* – wie Chicagoer Psychoanalytiker an sich selbst entdeckten[33] – und den daraus entspringenden Orchideen faszinierender Konzeptbildungen noch einen weiteren Modus angesichts von Unbehaglichkeiten, eine Art geistiger Flucht: Unliebsames nämlich vorschnell als Pathologie aufzufassen und damit von sich fern zu halten. Das geschieht auch angesichts der ichauflösenden Energie der Liebe. Sie wird klinifiziert, beispielsweise als Syndrom narzisstischer Schäden aufgefasst. Die Auflösung der Individualität in der Liebe bedroht aber nicht nur Frühgestörte mit zerbrechlichen Selbstgrenzen – wenn diese auch den seelischen Untergang als besonders gefährlich erleben. Vielmehr gehört das Erlöschen des Ichs, der Tod also, oder das, was Ernest Jones *Aphanisis*[34] nannte, zum Wesen intensiver Liebe und wird verleugnet. Deswegen packte beim Eintritt in die dionysischen Mysterien die Initianden kein erotischer Freudentaumel, sondern blankes Entsetzen.

Diese ungeheure Seite der ichauflösenden Liebe ist heute im Zeitalter des Individualismus unbewusst besonders gefürchtet. Die Kontrolliertheit und die Unfähigkeit, sich fallen zu lassen, behindert daher die moderne Liebe wohl am stärksten. In einer noch männerbestimmten Gesellschaft wird diese Abgründigkeit der Erotik gern den Frauen zugeschrieben. Daraus resultiert wahrscheinlich die Angst vor der Frau in Lust – und noch mehr, nämlich das Fehlen der Theorie einer spezifisch weiblichen im Kontrast zur nichtmännlichen Liebe.

Diese Macht der Liebe wird auch deswegen nur schwach gesehen, weil die Mitglieder westlicher Gesellschaften über Jahrhunderte im *Prozess der Zivilisation* eine immer stärker werdende Zähmung der Triebe und Affekte durchmachten, jenen *Zwang zum Selbstzwang*, wie Norbert Elias[35] formulierte, der seiner Meinung nach das Überich historisch konstituierte und wohl auch die Geburt der Psychologie und Psychoanalyse im 19. Jahrhundert notwendig machte. Die Teufelsneurosen[36] waren von gigantischem Ausmaß, verglichen mit den großen hysterischen Anfällen, aber selbst diese scheinen uns heute bereits überwältigend in einer Zeit, in der unsere Empfindungen gleichsam Mikrochipqualitäten kennzeichnen. Die Kontrolliertheit aller Emotionen, die Verkleinerung großer Gefühle, macht aus dem gefährlichen Dämon der Liebe einen handzahmen Haustiger.

Die folgenden drei Verhüllungen in der Liebe betreffen weniger sie selbst als ihre sozialen Auswirkungen, ihre Spannungen mit der Umwelt. Es ist erstaunlich, wie sie trotz ihrer Offenkundigkeit so glatt verleugnet und beschönigt werden können.

7. Entwertung und Neid durch die Liebe

Wer liebt, schätzt seinen Geliebten über alle Maßen. Diese «Überschätzung des Liebesobjektes» gehört zur allseitigen Idealisierung der Liebe, ist fester Bestandteil der psychoanalytischen Sexualtheorie und soll uns jetzt nicht interessieren. Was bemerkenswerter ist, könnte man als den Schlagschatten dieser Überschätzung bezeichnen. Er wird praktisch nie beachtet. Es ist die Tatsache, dass im Vergleich zum Geliebten alle anderen nahe stehenden Menschen an Wert erheblich verlieren. Um genau zu sein: Die Überschätzung des «Einzigen und Einen» führt zu einer entsprechenden Unterschätzung oder Abwertung aller anderen. Freunde frisch Verliebter stehen plötzlich im Abseits – von den Verflossenen natürlich ganz zu schweigen –, und auch alle anderen Menschen verlieren dramatisch an Wert. Das schürt den Neid im Umkreis und beim Liebenden die Angst vor diesem Neid. Shakespeare lässt ein großes Liebespaar, Troilus und Cressida, sprechen:

TROILUS: Ich lieb dich, Cressida, so stark und rein,
dass uns die Götter unsere Liebe neiden,
weil sie inbrünstiger ist, als die Gebete
zu Gottheiten von kalten Lippen steigen,
– drum nehmen sie dich mir.
CRESSIDA: Sind Götter neidisch?
PANDARUS: Ja, ja, ja, ja. Hier sieht man's nur zu deutlich.

CRESSIDA: Und ist es wahr, dass ich von Troja fort
muss?
TROILUS: Entsetzlich wahr.
CRESSIDA: Und fort von Troilus auch?
TROILUS: Von Troja und von Troilus.
CRESSIDA: Ist es möglich?
TROILUS: Und so geschwind! Des Schicksals Miss-
gunst stößt
den Abschied selbst zurück, verweigert roh
den Aufschub, hindert grausam unsre
Lippen,
sich zu vereinen, hält uns mit Gewalt
von der Umarmung ab, würgt unsre
Schwüre
in den Geburtswehen unseres Atems![37]

Der Neid der Götter wird dafür verantwortlich gemacht, dass beide gezwungen sind, sich zu trennen. Schon am Anfang hörten wir in Aristophanes' Sage, dass genau dieser Neid der Götter vor der großen Macht der vereinigten Liebe zur Spaltung in Geschlechter führte. So kehrt sich Ursache und Wirkung um: Die Sehnsucht und das Unerfülltsein, ja die Liebe selbst, wird zum Ergebnis des allgegenwärtigen Neides, ein so fürchterlicher Abgrund, dass wir uns nachsehen sollten, wenn wir ihn verhüllen.

Vieles ist in diesem Neid enthalten, natürlich die gesamte eigene Lebensgeschichte, die Elternbeziehung und die Geschwisterrivalität. Doch geht es hier um den meist verschwiegenen Anteil des Neides der gegenwärtigen Anderen, ihre unbewusste Reaktion auf die bewusstlose Entwertung durch den Liebenden. Der Soziologe Helmut Schoeck hat das gesamte gesellschaftliche Leben in der Perspektive des Neides beschrieben.[38]

8. Einengung der Selbstverwirklichung

Dass Liebe uns zu uns selbst befreie und in ihrem weiten Atem eine innere Erlösung und eine selten gefühlte Freiheit mit sich bringe, wird öfter hervorgehoben. Ihr Beitrag zu unserer Selbstintegration macht wohl das intensive Empfinden ihrer Kraft, ihrer Energie aus. Was aber verschleiert wird, ist eine ebenso einleuchtende andere Wirkung: Binde ich mich an einen bestimmten Partner, dann binde ich mich auch an eine bestimmte Selbstentwicklung. Heutige französische Philosophen definieren Identität nicht mehr als eine vorliegende Struktur, sondern als eine spezifische Art und Weise, sich zu entwickeln. So gesehen lege ich mit der Liebesbindung auch meine Identität fest. Ja, es wird unter der Perspektive des intensiven unbewussten Zusammenspiels[39], der Kollusion, deutlich, dass die individuelle Identität wahrscheinlich ein Artefakt der Einzelbeobachtung ist – beispielsweise eines Individuums auf der Couch oder in einer Umfrage. «Ohne Du ist das Ich unmöglich», formulierte der Begründer der Gefühlsphilosophie, Friedrich Heinrich Jacobi[40].

Die Liebe schränkt also gerade durch ihre Bindung die Vielfalt der Entwicklungsmöglichkeiten ebenso sehr ein wie die Tatsache, dass wir diese und keine anderen Eltern, diese und keine andere Heimat hatten. Ein großer Teil des heutigen Widerstandes gegen die Liebe resultiert aus dieser unbewusst wahrgenommenen Einengung der Selbstentfaltung – und zwar gerade bei Menschen, die sich in ihrer eigenen Entwicklung besonders behindert fühlen. So kommt es zu einem weiteren Liebesparadox: Die Liebe wird von denen besonders ersehnt, die sich eine innerlich freiere Entwicklung wünschen, und weil die Liebe genau diese freie Entwicklung nicht in dem ersehnten Maße bieten kann, wird sie zugleich gefürchtet. Während der weltweit seltsam identischen Liebesdauer von etwa vier Jahren[41] trägt diese innere Widersprüchlichkeit wohl ebenfalls zum langsamen erotischen Erlahmen bei – danach folgt der Gipfel der Scheidungen in so gut wie allen Nationen.

Diese vertrackte Lage der Liebe verschärfte sich besonders zum bereits erwähnten historischen Zeitpunkt ihrer modernen Fassung: Seit dem frühen neunzehnten Jahrhundert wurde nämlich die erotische Lust an die ausschließlich personale und emotionale Bindung des sozusagen innerfamiliären Paares auf Lebenszeit geheftet. Das ist seelisch gesehen eine gewaltige Wende, und nichts spricht dagegen, dass diese sozialpsychologische Umwälzung den entscheidenden Boden für die Entstehung der Psychoanalyse bot. Die

Liebe entstand also – um es plakativ zu sagen – aufgrund eines historischen Lustschicksals: seiner *Dauerbindung an die Dauerbindung*. Eben deswegen beschränkt sie aber auch die Selbstentwicklung noch mehr, als sie es ohnehin täte. Es sei denn, man findet eines Tages über die zunehmende Toleranz aushäusigen Verliebtheiten gegenüber zur neuen Beziehungsform der erotischen Freundschaften, die unsere Hauptbeziehung nicht gleich sprengt. Oscar Wilde: «Das Schicksal der Verheirateten hängt von den Partnern ab, mit denen sie nicht verheiratet sind.» Der achte Schleier ist somit gehoben: die Selbstentwicklungsenergie der Liebe, die uns zugleich beschränkt. Und der neunte folgt sogleich.

9. Kontraproduktive Regression der Liebe in der Leistungsgesellschaft

Wie schön klingt das Shakespeare-Wort aus *Der Widerspenstigen Zähmung*: «Nur, was ihr tut mit Lust, gedeiht.» Wer kennt nicht die Kraft der Liebe, die Berge versetzt. Selbst das moderne Management nutzt unverblümt die leistungssteigernde Potenz der – natürlich stabilen – erotischen Partnerschaft zur Gewinnmaximierung und die Ehefrauen als flankierende Maßnahme für die unermüdliche Einsatzbereitschaft der höheren und niederen Arbeitnehmer.

Die Liebe entpuppt sich so direkt oder indirekt als eine Anpassungsform der Leistungsgesellschaft – und zwar so weit, dass schon das Liebemachen zur Abwehr der Liebe selbst wird, indem wir unversehens ein orgasmusproduzierendes Verfahren im Bett verfolgen.[42]

Die Liebe muss in diese bestimmte Form gegossen werden, um den Zielen der Gesellschaft – also den Machtstrukturen, wenn man will – zu dienen. Der Spruch «Wer Sex macht, ist faul» illustriert nur die Repression der Erotik. Michel Foucault stellte heraus, dass nicht etwa die Unterdrückung der Sexualität das entscheidende Herrschaftsinstrument darstellt, sondern ihre spezielle Kanalisierung.[43] So wird die Liebe ihrer urwüchsigen Eigenart beraubt und in den Dienst des gesellschaftlichen Alltags gestellt. Ich habe den starken Verdacht, dass beispielsweise der genitale Primat, also die Reifevorstellung einer menschlichen Liebe, der immer noch viele Psychoanalytiker anhängen, bereits zu einer solchen Leistungsanpassungsform gehört. Sie wird etwa in der alten indisch-tantrischen Konzeption der Liebe als erhebliche Behinderung einer voll entfalteten Erotik angesehen. Denn die Liebe gründet auf einer gleichsam allumfassenden Sinnlichkeit, die einst in der noch nicht allzu sehr durch Erziehung eingeschränkten frühen Kindheit ihre *polymorph-perverse* Eigenart ausmachte. Wir erleben zur Zeit eine vermeintliche Lockerung der Sexualmoral, ja deren Untergang,[44] der viele früher streng verpönte Lüste zum Vorschein kommen lässt. Oral- und Analverkehr gelten bei Umfragen schon wie selbstverständlich zu den erotischen Begegnungen, die für zählungswürdig erachtet werden. Diese Öffnung aber findet vor dem rigiden Hintergrund der erhöhten Selbstkontrolle statt. Norbert Elias entgegnete sinngemäß auf die Vorhaltungen, «Oben ohne» und FKK seien doch Entwicklungen, die seiner These vom sich verstärkenden Zwang zum Selbstzwang klar widersprächen: «Nein, im Gegenteil. Wir können jetzt schon nackt miteinander herumlaufen, ohne sofort ineinander zu stürzen – weil wir bereits so selbstkontrolliert sind, dass nichts passiert.»

Die wahre Natur der Liebe ist aber unberechenbar, auflösend, abgründig – und insoweit ist sie der entscheidende Widersacher der Leistungsorientiertheit. Kommt die polymorph-perverse Liebe wirklich zum Zuge, dann steht sie im krassen Kontrast zur Sach- und Aufgabenorientierung unseres Alltags und unserer Erwerbstätigkeit, ja selbst im Kontrast zu unserer so genannten Freizeit, die auf ihre Weise von Massenmedien und Industrie gesteuert ist. Nehmen wir globale Begriffe für die täglichen Anforderungen, etwa den des *Sekundärprozesses* und der *Progression*, dann ist die Liebe ihnen gegenüber eine ganz andersartige Gewalt, eine Macht des *Primärprozesses* und der *Regression* – aber nicht im pathologischen, sondern im lebensgeschichtlichen Sinn und nicht in der Bedeutung, dass wir diese Kindheitswirklichkeit als unvollendete, unreife Welt schleunigst zu verlassen hätten, sondern im Gegenteil: dass in der Kindheit noch am ehesten jene menschliche Welt in ihrem Reichtum bewahrt ist, die wir später unter der Ananke verloren – unter dem Zwang und der Not des allgemeinen Elends oder im Zuge der Vergesellschaftung im Sinne einer generellen Funktionalisierung. Zwar ist die Liebe eine Gegenkraft zur allgemeinen Verstofflichung des Menschen[45] – aber genau das soll sie nicht sein. Sie wird daher verschleiert durch ihre stromlinienförmige Anpassung an die internationale Arbeitsteilung, die zur Zeit das verheerendste, das destruktivste Moment menschlicher Entwicklung zu sein scheint.[46] Denn das ist der Vorgang, der selbst mittelfristigen Beziehungen keine Zeit mehr lässt und jenen Boden der Kindheit erodiert, der für die Entwicklung der Liebe unabdingbar ist. Anders gesagt: Liebe passt kaum noch in unser modernes Leben.

Grundzüge einer Theorie der Liebe

«Die Psychoanalyse hat bisher keine eigene Definition der Liebe geliefert, und dies bedeutet meiner Ansicht nach, dass es ihr nicht gelungen ist, das Wesen der Liebe aufzudecken», stellt der New Yorker Psychoanalytiker Martin S. Bergmann zum Abschluss seines Hauptwerkes *Eine Geschichte der Liebe* fest.[47] Ähnlich schreibt der Sexualwissenschaftler Eberhard Schorsch: «Da es die Theorie der Liebe in der Sexualwissenschaft nicht gibt, kann sie auch nicht geliefert werden.»[48] Alle Experten jedoch sind sich immerhin im Klaren, dass sexuelles Begehren und Liebe nicht zu verwechseln sind.

Zwar gibt es eine «liebelose» Sexualität, in der bemerkenswerterweise die Liebe und nicht die Erotik seelisch beeinträchtigt ist – zum Beispiel weil sie unbewusst verboten ist oder weil man glaubt, kein Recht auf Lieben und Geliebtwerden zu haben, oder weil die narzisstische Beschädigung so groß ist, dass Lieben unmöglich wird, was Kernberg in seiner Typologie der Liebenden besonders beachtete.[49]

Meines Erachtens gibt es jedoch keine Form der wirklich unerotischen Liebe. Auch die *Agape*, die Liebe Gottes zu den Menschen, die Liebe der Menschen zu Gott und zueinander, die Nächstenliebe, hat einen libidinösen Boden. Das wäre ein erster Hinweis für eine Theorie der Liebe, die ich in einigen Thesen umreißen möchte:[50]

1. Unbestritten dient auch die Liebe – wie die Sexualität – der so genannten *Fortpflanzung*, dem Entstehen kommender Generationen. Schopenhauer hat die Liebe als den Willen der Gattung, sich fortzusetzen, definiert und die Tatsache, dass wir sie so oft mit dem Empfinden von Ewigkeit verbinden, eben mit diesem Auftrag in Zusammenhang gesehen, über uns hinauszuführen.[51]

2. Doch schon Platon, der «einflussreichste Erforscher der Liebe»[52], hatte diesen Aspekt so gut wie nicht erwähnt. Stärker im Zentrum stand die *Bindung*, im besonderen Sinne eines «Strebens nach Ganzheit». Dieses Streben hat erst die Psychoanalyse wirklich verständlich gemacht: durch die Entdeckung der kindlichen Sexualität. In der Liebe wiederholen wir also jenes frühkindliche komplexe libidinöse Beziehungsgeflecht, dessen Verinnerlichung gleichsam unsere Seele ausmacht. Der wesentliche Unterschied zwischen Liebe und Sexualität könnte also in der Tatsache liegen, dass sich ein Begehren mehr oder weniger unabhängig von den bedeutenden inneren Bindungen entfalten kann (oder gar zu deren Abwehr), während sich die Liebe als Legierung prägender Beziehungen mit der *polymorph-perversen* Erotik heranbildet. Die Frage, wann und wodurch eines vom anderen abgespalten wird, wäre sekundär beziehungsweise nosologisch. Die historische Schwerpunktverlagerung ist in dieser Hinsicht interessant: Während früher die Unterdrückung und Verzerrung der *Sexualität* im Mittelpunkt standen, ist es heute eher die beeinträchtigte *Beziehungsfähigkeit* in der Liebe.

Die Liebe ist so menschlich, weil sie Bindungen schafft – eine Eigenschaft, die Freud sehr herausstellte.[53] Der Mensch benötigt die verlängerte Kindheit, das heißt hochintensive Bindungen, weil er ein Erfahrungstier und weniger ein Instinkttier ist. Das Überleben hängt von seiner Beziehungsfähigkeit ab. Nur in einigermaßen stabilen Beziehungsgeflechten kann sich eine Generation fortpflanzen, aber überhaupt auch ihr Überleben lernen. Die Liebe hat sich unter Menschen entwickelt, weil sie für beides sorgt: für die Lust der Fortpflanzung und die Verlässlichkeit der Bindungen, in denen wir aufwachsen. Das macht auch ihre ungeheure Bedeutung und Potenz für scheinbar nichterotische Bereiche aus: ihre Verschieblichkeit, ihre Übertragung, ihre Sublimierung. Kunst, Wissenschaft, Überleben, ja die Auffassung unserer Realität wird ununterbrochen durch die Liebe geboren.

3. Die Liebe hat aber ebenso hohe Bedeutung für die *Selbstbeziehung*. Das erkannte Sigmund Freud in seinem zweiten großen Beitrag zur Liebestheorie: «Der Mensch hat allgemein zwei ursprüngliche Sexualobjekte ... das Weib (die Mutter) und die eigene Person.»[54] Als eminente Integrationsstärke, als identitätsbildende Energie, als Selbstentwicklungskraft. Hilflosigkeit, Ohnmacht, Angst, Schwäche und Tod überwindet in allen Liedern und in der Realität die Liebe. So gilt die Liebe folgerichtig als beste Medizin. Sie bedeutet andauerndes Geborenwerden des Selbst.[55] Die ideale Eigenbeziehung, die im Idealselbst.

4. Die Sexualität ist eine komplexe Erscheinung, die aus zahllosen Komponenten besteht. Daher ihre

Polymorphie. Ich bin der Überzeugung, dass die Liebe ebenso, doch wahrscheinlich noch komplexer zusammengesetzt ist. Auch sie könnte in ihre Einzelteile zerfallen: Zu ihnen gehören alle Erlebnisse mit allen Formen der Sexualität in lustbestimmenden Bindungen. Ihre Integration hat sie in einem unbewussten Muster gefunden, das unterschiedlich benannt ist: als *sexuelle Grammatik*[56], als *Lovemap*[57] (Liebeslandkarte), als *Triggerkomposition*.[58] Diese Matrix entscheidet unbewusst und recht detailliert über unsere Partnerwahl und den Verlauf der Liebesbeziehung.

5. Ist das Zentrum der Liebe vor allem der Niederschlag der Beziehungsgeschichte – beginnend bei den Bindungen an Mutter, Vater und Geschwister –, dann weist dieser Zusammenhang zugleich weit *über die individuelle Lebensgeschichte hinaus*. Der Gruppenanalytiker S. H. Foulkes sieht die menschlichen Beziehungen gleichsam in einer dreifaltigen, ineinander wirkenden Matrix.[59] Für die Liebe als Phänomen der Zweierbeziehung gilt meines Erachtens derselbe pyramidale Aufbau in drei Schichten:

5.1 Die Grundlage der Liebe ist biologisch vorgegeben und entspricht der *foundation matrix*. Für die Bindungstheoretiker ist zum Beispiel das Beziehungsbedürfnis des Menschen genetisch bedeutender als das sexuelle Verlangen. Instinktreste gehen bis in Details der Anatomie der Liebe.[60] Ich nenne nur zwei so genannte Universalien, die für ein biologisches Fundament sprechen: das Flirtverhalten – in allen Kulturen bestehend aus Zuwendung mit folgender Abwendung[61] – und die Attraktivität der weiblichen Silhouette, die bei einem Verhältnis von 1:0,67 zwischen Hüft- und Taillenumfang – wenn also die Taille um ein Drittel schlanker ist als die Hüften – ihren stärksten Reiz auf Männer in aller Welt ausübt.[62]

5.2 Darüber gelagert, teilweise kongruent, teilweise konflikthaft, liegt *die kulturelle Schicht* der Liebe. Liebe ist durch und durch gesellschaftlich geprägt – viel mehr, als wir gemeinhin annehmen. Selbst die Geschlechterrollen, die biologisch so fest gefügt scheinen, können kulturell umgekehrt werden – wie bei den Arapesh.[63] Aber nicht nur dort. Bei Forschungen in einem meiner beruflichen Schwerpunkte, der Paargruppenanalyse, ergab sich, dass ein Drittel der Frauen und Männer im Vergleich mit dem Durchschnittsprofil von Mann und Frau seelisch dem anderen Geschlecht zugehörten. Ich erwähnte, dass Entwicklung und Formen der Liebe fast präzise und uns weitgehend unbewusst gesellschaftlich festgelegt werden: Beispielsweise sind die von uns als höchst intim und individuell erlebten Liebesschritte zu Beginn der Pubertät in Studien zur Jugendsexualität von stereotyper Uniformität.[64] Ja, die Liebe selbst, wie wir sie heute auffassen, ist wie erwähnt ein Produkt der industriellen Revolution.

5.3 Nur die oberste Schicht, die zu etwa neun Zehnteln ebenfalls unbewusst ist, ist die *einzigartige individuelle Liebesformation*. In ihr bündelt sich unser gesamtes Vorleben einschließlich der intrauterinen Zeit, deren ozeanisches Gefühl zum Glücksempfinden jeder Liebe gehört.

6. Was aber macht die Liebe aus? Wir arbeiten in der Psychoanalyse mit einem rudimentären, unzulänglichen Ätiologiekonzept,[65] das weit hinter die Auffassung des Aristoteles zurückfällt. Grob gesprochen reduzieren wir das Leben und die Liebe auf nur eine von fünf elementaren Ursachen,[66] auf die energetische Ursache, die *causa efficiens*. In den komplexen Formationen der Seele und des Geistes aber ist eine weitere Ursache vorrangig, die *causa finalis*, der Zweck, der Sinn oder, mit Freud gesprochen, «die geheime Absicht».

Was ist die geheime Absicht der Liebe? Mein Konzept der Liebe hat sich in den letzten fünfundzwanzig Jahren aus der intensiven Erfahrung mit Paargruppen entwickelt. Es folgte zunächst weniger der Theoriebildung innerhalb der Psychoanalyse als der unmittelbaren, intensiven und detaillierten Beobachtung unzähliger Beziehungsverläufe. Überraschend war für mich im Zuge der theoretischen Aufarbeitung, wie sehr dieses Konzept die bisherigen Bausteine enthält und auf besondere Weise integriert. Ich fragte mich nach der größten Anziehungskraft der Liebe, nach ihrem «Großen Attraktor» (ein Terminus aus der Astronomie für jene gewaltige Masse, die unsichtbar die Gravitationsbewegungen ganzer Galaxienhaufen bestimmt). Für mich besteht der Große Attraktor der Liebe aus zwei entscheidenden Komponenten: Ich habe erstens das Empfinden, dass ich mit diesem Partner meine defekten und konflikthaften, also grob gesprochen die traumatischen Beziehungen meiner Lebensgeschichte *re-inszenieren* kann, zweitens aber habe ich zugleich das Gefühl, dass ich die alten Wunden mit ihm oder ihr zu *heilen* in der Lage bin. Dies kommt einem ständigen Wiedergeborenwerden gleich.[67] Liebesbeziehungen bestehen meines Erachtens aus einer fortlaufenden Folge solcher Reinszenierungen im unermüdlichen Streben nach jener platonischen Ganzheit, die nicht nur für die beteiligten Partner, sondern auch für deren Kinder identisch ist mit Glück.

Die Liebe ist mehr, als wir erfassen können

Meine Liebestheorie ist damit noch nicht abgeschlossen, doch beginnen darüber hinaus Kapitel, die sich mit der bisherigen Psychoanalyse nur schwer fassen lassen. Die vier wichtigsten möchte ich nur nennen:

Erstens geht es um die *Realität des anderen* und nicht nur sein intrapsychisches Bild, das ich von ihm habe. Kurz: Die Liebe ist nie nur individuell Phantasiezeichen eines monadischen Ichs, sondern der vielleicht intensivste Ausdruck einer Zweierbeziehung. Sie ist damit unendlich komplexer und mindestens bipersonal.

Zweitens ist die Aufarbeitung der inneren Beeinträchtigungen nur ein kleiner Aspekt des Liebeshandelns, das sich in derselben Weise fortsetzt als Selbstentfaltung *im Bereich der unterschiedlichsten Gesundheiten*.

Drittens befindet sich auch mein Denken in einem bestimmten kulturellen Raum, sodass ich vermutlich nurmehr von der *eurozentrischen Liebe* sprechen kann – die *arabische* Liebestheorie[68] fehlt; das *altindische* Tantra und das *altchinesische* Tao sind um Jahrtausende erfahrener; die *afrikanische* Beziehungsform hat im Vergleich zur europäischen eine faszinierend andere Lösung des Konflikts von Bindungsbedürfnis und sexuellem Verlangen gefunden; von *indianischen* Liebesauffassungen weiß ich so gut wie nichts. Eine *internationale Liebe* gibt es wohl noch nicht; sie dürfte einst zum prekären Signal einer globalen Monokultur werden. Es könnte eine über Film, Fernsehen, Werbung, Popmusik und Events wie Love Parade alle Erdenwinkel durchdringende *Fast love made in Hollywood* sein.

Und viertens müssen wir uns eingestehen, dass wir

die *Liebe theoretisch nur bruchstückhaft fassen können*, weil sie selbst keine Theorie ist, sondern jene gelebte Lebendigkeit, die jede Frage nach dem Sinn unserer Existenz aufhebt.

Anmerkungen

1 Freud, Sigmund 1907. Der Wahn und die Träume in W. Jensens Gradiva. Studienausgabe Band 10, S. 80
2 Platon. Das Gastmahl. Werke in 8 Bänden. Hg. von Gunther Eigler, übers. von F. Schleiermacher, Darmstadt, 1974 (Wiss. Buchgesellschaft), Band III, S. 189 b
3 Platon a. a. O., S. 190 b
4 zit. nach Bergmann, Martin S. Eine Geschichte der Liebe, 1987, deutsch Frankfurt, 1994 (Fischer), S. 70
5 Platon a. a. O., S. 192 e
6 Dafür sprechen auch Hinweise aus dem *Gastmahl*: Auf Anweisung des Zeus band Apollon die Haut über der Schnittstelle «mitten auf dem Bauche ab, was wir jetzt Nabel nennen ... *zum Denkzeichen des alten Unfalls*» – bei jedem Menschen eine direkte und sichtbare Erinnerung an seine Geburt. Platon a. a. O., S. 190 e
7 Erikson, Erik H. Wachstum und Krisen der gesunden Persönlichkeit. In: Identität und Lebenszyklus. Frankfurt 1959, deutsch 1966 (Suhrkamp), S. 55 ff.
8 Bergmann, a. a. O., S. 66
9 Freud spricht sogar in einer Art Verdichtung vom heilenden *Liebesrezidiv*: 1907. Der Wahn und die Träume in W. Jensens Gradiva. Studienausgabe Band 10, S. 80
10 Stendhal. 1842. Über die Liebe. Frankfurt 1989
11 Schopenhauer, Arthur. Die Welt als Wille und Vorstellung, 1844. Viertes Buch, Kapitel 44: Metaphysik der Geschlechtsliebe. In: A. S. Werke in fünf Bänden, hg. v.

L. Lütkehaus, Haffmans-Ausgabe, Zürich, 1991 (Haffmans) Band II
12 Laotse. Tao Te King übersetzt von Gia-Fu Feng, aus dem Englischen von Sylvia Luetiohan, Zürich 1981 (Irisiana), Vers 2
13 Freud, Sigmund 1905. Drei Abhandlungen zur Sexualtheorie. Studienausgabe Band 5, S. 126
14 Freud, Sigmund. Studienausgabe III, S. 10
15 Schorsch, Eberhard. Bausteine einer Theorie der Liebe. *Universitas* 8 (August 1987), S. 753–763, hier S. 758
16 Moeller, Michael Lukas. Der Krieg, die Lust, der Frieden, die Macht. Reinbek, 1991 (Rowohlt)
17 Gibran, Khalil. Der Prophet. Über die Liebe. Olten 1978 (Walter)
18 Ellis, Havelock, cit. Schorsch, Eberhard. Bausteine einer Theorie der Liebe. a. a. O., S. 753
19 Sandler, Dare und Holder. Grundbegriffe der Psychoanalyse. 1970, S. 39
20 Stoller, R. J. Sexual excitement. *Arch. Gen. Psychiatry* 33, (1976), S. 899–909
21 Zit. nach J. William Worden, Beratung und Therapie in Trauerfällen. 1982, deutsch 1986, Stuttgart (Hans Huber), S. 9
22 Freud, Sigmund 1912. Über die allgemeinste Erniedrigung des Liebeslebens – Studienausgabe Band 5, S. 197–209
23 Schmidt, Gunter. Wandel heterosexueller Beziehungen. *Zeitschrift für Sexualforschung* 8, 1995
24 Balint, Michael. Die Urformen der Liebe und die Technik der Psychoanalyse 1965, deutsch Stuttgart 1966 (Klett)

25 Bergmann, a.a.O., S. 364
26 Bataille, Georges. Der heilige Eros. Frankfurt, 1963 (Ullstein)
27 Bataille, Georges. Die Tränen des Eros. München 1961, 1981, 1993 (Matthes und Seitz), S. 22
28 im Französischen ein Ausdruck für Orgasmus
29 Brodkey, Harold. Unschuld. In: Ders. Unschuld. Nahezu klassische Stories. Reinbek, 1988, 1990. (Rowohlt), S. 291 f.
30 Bataille, Georges. Der heilige Eros. a.a.O., S. 38
31 Bataille, Georges. Der heilige Eros. a.a.O., S. 82
32 Schopenhauer, Arthur. Die Welt als Wille und Vorstellung, 1844. Viertes Buch, Kapitel 44: Metaphysik der Geschlechtsliebe. In: A. S. Werke in fünf Bänden, hg. v. L. Lütkehaus, Haffmans-Ausgabe, Zürich, 1991 (Haffmans) Band II, S. 638 ff.
33 Kline, F. M. Dynamics of a leaderless group. *Int. J. Group Psychotherapy* 22, S. 234–242, zit. in M. L. Moeller: Anders helfen. Selbsthilfegruppen und Fachleute arbeiten zusammen. Frankfurt, 1992 (Fischer) S. 72 ff.
34 «Auslöschung» (aus dem Altgriechischen). Von ihm allerdings ebenfalls als pathologische Erscheinung aufgefasst, als eine Bedrohung nämlich, die noch stärker als Kastrationsangst wirke.
35 Elias, Norbert. Der Prozeß der Zivilisation. Frankfurt, 1939, 1968 (Suhrkamp)
36 Freud, Sigmund. Eine Teufelsneurose im siebzehnten Jahrhundert. GW XIII, S. 317–353
37 Aus Shakespeares Drama «Troilus und Cressida», IV. Akt, 4. Szene in der Übersetzung Erich Frieds, Berlin 1989 (Wagenbach), S. 513

38 Schoeck, Helmut. Der Neid und die Gesellschaft. Frankfurt 1966, 1992 (Ullstein)
39 Dicks, Henry. Marital Tensions. New York, 1963 (Basic Books) und Willi, Jürg. Die Zweierbeziehung. Reinbek 1975 (Rowohlt)
40 Friedrich Heinrich Jacobi, 1785. Jacobi (1743 bis 1819), Philosophieprofessor in München, war befreundet u. a. mit Wieland, Claudius, Hamann, Goethe, Herder und hatte bedeutenden Einfluss auf Sturm und Drang, Frühromantik und Schleiermacher. Beeinflusst von Rousseau, kritisierte er Kants Rationalismus, der notwendig zum Atheismus führe, und begründete dagegen seine Glaubens- oder Gefühlsphilosophie, wonach das Gemüt mit unmittelbarer Gewissheit die Realität der Welt und des Göttlichen erfasst.
41 Fisher, Helen. Anatomie der Liebe. München 1992, deutsch 1993 (Droemer-Knaur), S. 196
42 Vergleiche meine Ausführungen in: Moeller, Michael Lukas. Die Liebe ist das Kind der Freiheit. Reinbek, 1986, 1996 (Rowohlt), S. 100 ff.
43 Foucault, Michel. Sexualität und Wahrheit. Frankfurt 1977 S. 100 ff. (Suhrkamp)
44 Schmidt, Gunter. Der Untergang der Sexualmoral. Berlin, 1996 (Berlin)
45 Sigusch, Volkmar. Die Mystifikation des Sexuellen. Frankfurt, 1984 (Campus)
46 Bericht in der *Los Angeles Times* 17. 2. 1995
47 Bergmann, a. a. O., S. 360
48 Schorsch, a. a. O., S. 754
49 Kernberg, Otto F. Innere Welt und äußere Realität. München 1980, deutsch 1988

50 Sigmund Freud hat zwischen seinem 50. und 60. Lebensjahr drei wesentliche Beiträge zu einer Liebestheorie formuliert, die er nicht mehr zu einem geplanten Buch *Liebesleben der Menschen* (im Brief vom 19.7.1907 aus Rom an C. G. Jung so genannt) integrierte: 1909, mit 49 Jahren, war es die Entdeckung, dass jedes Finden Wiederfinden sei (infantile Sexualität und Übertragung), in den *Drei Abhandlungen zur Sexualtheorie*, 1909, mit 53 Jahren, sprach er erstmals von der Bedeutung der «Eigenbeziehung» in der Liebe, spät in *Zur Einführung des Narzissmus* (1923) ausgeführt; in der Vorstellung, Verliebtheit entstehe durch die Projektion des eigenen Ichideals, gewann diese Perspektive ihre große Bedeutung; und mit 59 Jahren, 1915 in *Triebe und Triebschicksale*, wurde das Ich zum Ursprung der Liebe und die Liebe ein Affekt statt wie bisher ein Trieb. Damit wurde das Liebesobjekt unaustauschbar, ein entscheidendes Moment aller Liebesvorstellungen aller Zeiten. Eine Dauerbeziehung gründet auf zielgehemmter Sexualität, und die Liebe selbst entsteht aus der Integration der zärtlichen mit der sexuellen Strömung.

51 Schopenhauer, Arthur. a.a.O.

52 Bergmann a.a.O., S. 357

53 Wir sahen, dass sie eben deswegen auch für Trennungen sorgt – nämlich von denjenigen, die wir nicht lieben.

54 Freud, Sigmund am 10.11.1909 vor der Wiener Psychoanalytischen Vereinigung. In: Nunberg, H. und E. Federn (Hg.): Die Protokolle der Wiener Psychoanalytischen Vereinigung, 4 Bände, Frankfurt, 1976–1981

55 Kristeva, Julia, Geschichten von der Liebe. Frankfurt, 1989 (Suhrkamp)
56 Dannecker, Martin. Was treibt uns? Anmerkungen zur Triebtheorie. In: Ders. Das Drama der Sexualität. Frankfurt, 1987 (Athenäum), S. 135
57 Money, John. Lovemaps. New York 1986 (Irvington Publishers)
58 Moeller, Michael Lukas. Worte der Liebe. Erotische Zwiegespräche. Reinbek 1996 (Rowohlt)
59 Foulkes, S. H. Praxis der gruppenanalytischen Psychotherapie. München, 1978 (Reinhardt)
60 Fisher, Helen. Anatomie der Liebe. München 1992, deutsch 1993 (Droemer-Knaur)
61 Eibl-Eibesfeld, Irenäus. Die Biologie menschlichen Verhaltens. München, 1986 (Piper)
62 Buss, David. Die Evolution des Begehrens. Geheimnisse der Partnerwahl. Hamburg, 1994 (Kabel), S. 76
63 Mead, Margaret. Mann und Weib. Reinbek, 1963 (Rowohlt)
64 Schmidt, Gunter (Hg.). Jugendsexualität. Stuttgart, 1993 (Enke)
65 Riedl, Rupert. Über die Biologie des Ursachen-Denkens – ein evolutionistischer, systemtheoretischer Versuch. In: Ditfurth, H. von (Hg.). *Mannheimer Forum*. 78/79 Studienreihe Boehringer Mannheim, S. 9–70.
66 Aristoteles unterscheidet zwischen *causa materialis* (stoffliche Ursache; der Stoff, aus dem etwas wird), *causa formalis* (Formursache; die zu verwirklichende Form), *causa efficiens* (Wirkursache; das, was das Geschehen tatsächlich bewirkt), *causa finalis* (Zweckursache; der zu verwirklichende Zweck) und *steresis* (Zer-

störung; Entelechie). Vergleiche auch Riedl, Rupert, in Anmerkung 65.
67 Vergleiche dazu die psychoanalytische Auffassung von Kristeva, Julia. Geschichten von der Liebe. Frankfurt, 1989 (Suhrkamp)
68 Beispielsweise wiedergegeben in Nizami, 1200, Die sieben Geschichten der sieben Prinzessinnen. Zürich, 1995 (Manesse)

Ilse Wunsch-Mainzer

«Unendliches Neuland für eine unvoreingenommene experimentelle Sexual-Psychologie»

Sehr geehrte Damen und Herren!

Es ist mir eine große Ehre, und Freude, Sie anlässlich dieser ersten Verleihung des Otto-Mainzer-Preises an Herrn Prof. Dr. Moeller begrüßen zu können.

Wir feiern heute eine Gegenwart, deren Vergangenheit etwa fünfundsiebzig Jahre zurückliegt und die zugleich der Zukunft entgegenblickt: Vor einem Dreivierteljahrhundert steht ein forscher junger Frankfurter Student an dieser Stelle hier, an der jetzt ich stehe, im Auditorium Maximum dieser Goethe-Universität Frankfurts. Er hat gerade sein Referendar-Examen bestanden und veranstaltet im Auftrag seiner Profes-

---

Vortrag, leicht bearbeitet, gehalten am 10. Oktober 2000 in deutscher Sprache bei der feierlichen Verleihung des ersten «Internationalen Otto-Mainzer-Preises für die Wissenschaft von der Liebe» an Michael Lukas Moeller in der Aula der Goethe-Universität zu Frankfurt am Main.

soren für noch jüngere Studenten Repetitionskurse und Staatsrechtsübungen.*

Ein Sommersemester hatte er schon einmal die Luft Berlins inhaliert, hatte Berlin sofort zu seiner Wahlheimat erklärt – und wird bald seine Vorbereitungen für den Assessor in der Reichshauptstadt fortsetzen. Er schreibt seine Dissertation *Gleichheit vor dem Gesetz, Recht und Gerechtigkeit* und lässt sich als freier Anwalt mit Zulassung zum Kammergericht in Berlin nieder.

Kaum zwölf Monate vergehen, und man schreibt das Jahr 1933. Die formelle Zurücknahme seiner Zulassung als Anwalt aufgrund des Ermächtigungsgesetzes lässt nicht lange auf sich warten. Er beobachtet den Judenboykott vor dem KaDeWe, kündigt seine Wohnung, packt seinen Koffer, lässt sich ein überdimensionales Tagebuch anfertigen und fährt mit einem Studentenvisum schnurstracks nach Paris, eintausend Mark erlaubten Geldtransfers im Portemonnaie für ein Minimum von Vorlesungen an der Sorbonne. Nicht über Jurisprudenz – nie mehr. Der Anwalt-Hut wird abgeworfen.

Otto Mainzer hat noch einen anderen Hut – einen Literatur-Hut. Sein Dichtertrieb war schon längst in Berlin in Erscheinung getreten, wo er fast mehr

---

* Otto freute sich sein Leben lang über das Prädikat *summa cum laude,* das in Frankfurt seit fünf Jahren nicht mehr vergeben worden war.

Mädchen zu huldigen als zu beglücken Zeit fand. Denn sosehr er auch mit Leib und Seele Rechtsphilosoph gewesen war – mehr noch als alles andere erfüllen ihn seine Erlebnisse mit Frauen. Und das Berliner Pflaster dieser Jahre ist fruchtbarster Nährboden der Liebe, auf welchem der junge Mann Otto Mainzer reift. Seine Leidenschaften inspirieren ihn zu einer Flut von Gedichten, zuerst gesammelt in *Der Freund der Frauen* alias *Freund der Liebenden*, und zu einer Reihe von «Erzählungen ungekonnter Liebe», zusammengefasst in einem Bändchen *Zwiegespräch*.

Gedichte allein waren es aber nicht, die ihm seine Liebesspiele eingaben. Denn er trägt ja auch noch einen Philosophen-Hut. Aus den mannigfachen Erlebnissen, Beobachtungen und Einblicken in unsere Kultur, den psycho-sozio-ökonomisch verzweigten Umständen unseres Gesellschaftssystems, welchen seine Beziehungen notwendigerweise unterworfen sind, erkennt er, dass sich das Erotische nicht ohne weiteres vom Persönlichen, Politischen oder Beruflichen abtrennen lässt. Unausbleibliche Folgen fragwürdiger Erziehungsprinzipien, die Konformierung mit Konventionen, die unseren Naturgesetzen widersprechen, führen ihn zu Untersuchungen unserer Kulturstruktur, zu scharfer Kulturkritik und schließlich zu seiner kulturrevolutionären Philosophie. «Tägliche Motiv-Zufuhr und nächtliche Nahrung» bieten ihm regelmäßig Material für seine Darstellungen, die schließlich im Laufe von Jahrzehnten zu seinem großen Essay werden, der zuerst *Die Eroberung des Geschlechts*, später *Die sexuelle Zwangswirtschaft* nebst *Partisan der Liebe* betitelt wurde. Seine Liebes-Philosophie prägt sein gesamtes Werk, die Poesie, die Erzählung, das Drama.

In Paris setzt er seinen Berliner Lebensstil fort, wenn auch mittellos und hungernd – die Kultursituation ist nicht fundamental unterschiedlich. Es wächst ein Essay, er veröffentlicht den Gedichtband *Der zärtliche Vorstoß* «in sechsundsechzig Gedichten», und er beteiligt sich mit seinem entstehenden *Prometheus*-Roman an einem Preisausschreiben der American Guild für German Cultural Freedom – Preisrichter sind unter anderen Thomas Mann, Lion Feuchtwanger, Bruno Frank. Otto Mainzers Roman wird ausgezeichnet und acht Verlegern zur Übersetzung in die Sprache ihres Landes empfohlen.

Das Jahr 1939 macht ihm, wie so manchen anderen, einen Strich durch die Lebenslinie. Er verstaut seine Manuskripte und wichtigen Papiere noch gerade vor Ausbruch des Zweiten Weltkriegs in einem großen Banksafe.

Frankreich sperrt seine Asylanten in «Camps de concentration étrangères». Eine entfernte amerikanische Cousine kann ihn nach zweieinhalbjähriger Gefangenschaft aus Gurs, dem letzten Internierungslager, mit ihrem Affidavit retten, mit einer Bürgschaft also für einen Immigranten. Er kommt ein halbes Jahr vor Eintritt der USA in den Krieg in New York an. Bettelarm.

Schon nach etwa sechs Monaten erlebt er Amerika von seiner besten Seite – als das Land der unbegrenzten Möglichkeiten. Er folgt einer Annonce in der New School for Social Research, nach der ein Graphologe in einem großen Versandhaus gesucht wird, um Kunden auf ihre Zahlungsfähigkeit abzuschätzen. Die Stellung in Chicago wird ihn befähigen, sich zu ernähren und zu kleiden und, bei größter Frugalität, ein kleines Sparkonto wachsen zu lassen. In freien Stunden schreibt er über seine Jahre in den französischen Gefangenenlagern – *Die geraubten Jahre*, noch unveröffentlicht – schreibt Glossen, Gedichte und versucht, übersetzte Auszüge aus seinem Essay bei amerikanischen Verlegern unterzubringen. Aber die USA sind um diese Zeit noch hoffnungslos puritanisch.

1945 zurück in New York. Fortsetzung seiner literarischen Projekte kaum möglich, da Manuskripte und wichtige Tagebücher noch im Pariser Safe liegen. Und zum Reisen hat Mainzer natürlich kein Geld.

Das Geldanlegen an der Börse ist in Amerika ein durchaus ehrbares Geschäft und wird seriös, ja wissenschaftlich betrieben. Otto Mainzer studiert die Regeln, er studiert die komplexe Literatur und wagt sich in seiner Verzweiflung an einige Papiere. Es wird eine lange, kostspielige Lehrzeit für ihn, aus der er schließlich, nicht ohne Hilfe zäh erfochtener Wiedergutmachungszahlungen, siegreich hervorgeht.

Mittlerweile ist der Essay *Die sexuelle Zwangswirtschaft* nebst *Partisan der Liebe* und sein *Prometheus*-Roman nach Jahrzehnten veröffentlicht und gelobt worden. Die lange, lange Wartezeit hatte unglücklicherweise seine Produktionskraft erheblich gehemmt, doch seine Hoffnung auf eine aufgeklärtere Zukunft war nicht erloschen.

Das Thema «Liebe», wie Mann und Weib sich harmonisch ergänzen, im Geistig-Seelischen wie im Körperlichen, hat ihn zeit seines Lebens beschäftigt. Schon in seinem Essay ruft er zur Erforschung einer «erotischen Ergänzung» auf, zur Suche nach einer Chemie erotischer Polarität, zur «wissenschaftlichen Erforschung der Resonanzgesetze» – «ein unendliches Neuland tut sich auf für eine unvoreingenommene experimentelle Sexual-Psychologie».

In seinem Testament heißt es: «I give, devise and bequeath all my property to my wife as trustee for a charitable, non-profit organization under the name *Otto and Ilse Mainzer-Foundation* for the purpose of serving the self-improvement of mankind on the basis of my philosophy as expressed, in particular, through the *Sexuelle Zwangswirtschaft*; *Partisan der Liebe*; and *Prometheus*. The foundation is to publish whatever of my work will be left by me intended for publication, but not yet published in book-form. In order to further spread the message of my work, it is to aid writers of proven ability, zealous to further develop my ideas.»*

Mir scheint, wir haben hier einen exquisiten Fall von Reziprozität. Ein Teil von Otto Mainzers Vermögen, mit Hilfe von deutschen Wiedergutmachungsgeldern in Jahren zusammengespart, um sein Werk zu sichern, kommt nun zurück in Form von Inspiration für einen würdigen Autor, der sich mit Otto Mainzer geistig verwandt fühlt, der ebenfalls an dieser Goethe-Universität wirkt wie einstmals Otto Mainzer vor fünfundsiebzig Jahren, und der sich dieser Aufgabe widmen möchte. Man könnte meinen, hier habe ein unsichtbarer Wegweiser seine Hand im Spiel, um einen Denker der Liebe und einen Freund des Menschenmöglichen um die halbe Welt zu führen und aus einem wüsten Jahrhundert zu seinem Ausgangspunkt zurückfinden zu lassen.

---

* «Ich übergebe, hinterlasse und vermache mein gesamtes Eigentum meiner Ehefrau als Kuratorin einer gemeinnützigen Stiftung mit dem Namen *Otto and Ilse Mainzer-Foundation* in der Absicht, der Selbstverbesserung der Menschheit zu dienen auf der Grundlage meiner Philosophie, wie sie vor allem in meinen Werken *Sexuelle Zwangswirtschaft*, *Partisan der Liebe* und *Prometheus* zum Ausdruck kommt. Die Stiftung soll alle Werke veröffentlichen, die von mir zur Publikation vorgesehen, aber noch nicht in Buchform erschienen sind. Zur Verbreitung der Ideen meines Lebenswerks soll sie geeignete Autoren fördern, denen daran gelegen ist, mein Denken weiterzuentwickeln.»

Anmerkung: Otto Mainzers Buchveröffentlichungen sind:

Peter Grund (d. i. Otto Mainzer): *Der zärtliche Vorstoß*. Paris: Les Presses Modernes 1939. Reprint dieser Ausgabe München: P. Kirschheim Verlag 1986

Otto Mainzer: *Die sexuelle Zwangswirtschaft*. München: Parabel 1981. Clubausgabe Gütersloh: Bertelsmann Club o. J. Taschenbuchausgabe München: Goldmann 1986.

Otto Mainzer: *Prometheus*. Basel, Frankfurt a. M.: Stroemfeld/Roter Stern 1989. Taschenbuchausgabe Reinbek: Rowohlt Taschenbuch Verlag 1993.

In Ilse Wunsch-Mainzers Autobiographie *Zurück nach vorn. Mein Leben mit Prometheus*. Frankfurt a. M.: Stroemfeld 1998, liegt für Interessierte ein ausführlicher Bericht auch über den Lebensweg Otto Mainzers vor.

Eva Jaeggi

Psychoanalyse, Selbsthilfe, Paartherapie

Der «Designer des Zwi» wird zum
«Papst der Paare»

Michael Lukas Moeller wurde mit einem ganz neuartigen Preis ausgezeichnet, mit dem Preis für die Wissenschaft von der Liebe.

Welche Bedeutung hat ein solcher Preis? Aus welchen gesellschaftlichen Bedingungen entspringt er? In welcher Weise hat Michael Lukas Moeller die Liebe gesehen und was hat er getan, um ihr zu ihrem Recht zu verhelfen? Und: wie ist Michael Lukas Moeller zu einem geworden, der solche Prägekraft entwickeln konnte, dass buchstäblich viele Tausende jährlich immer wieder nach seinen Büchern greifen und in seine Seminare gehen?

Michael Lukas Moeller ist sicher ein Mensch, der seinen Gefühlen traut, der sehr feinfühlig merkt, wel-

---

Frau Prof. em. Dr. phil. Eva Jaeggi, TU Berlin, hielt diese (leicht überarbeitete) Laudatio auf Michael Lukas Moeller am 10. Oktober 2000 bei der feierlichen Verleihung des ersten «Internationalen Otto-Mainzer-Preises für die Wissenschaft von der Liebe» in der Aula der Goethe-Universität zu Frankfurt am Main.

che prekären Fragen sich in einer Gesellschaft stellen; einer, der aber auch den Mut hat, auf solche Fragen zuzugehen und nicht nur jammernd davor stehen bleibt und in kulturkritischer Larmoyanz konstatiert, dass eben alles so schrecklich sei und ganz und gar aussichtslos.

Michael Lukas Moeller engagiert sich. Und er begeistert sich. Er hat dies von Anfang an getan. Er konnte sich für seine Lehrer begeistern, er konnte sich für bestimmte Fächer im Studium begeistern, und er hat sich mit den von ihm im Laufe seines Berufslebens bearbeiteten Themenschwerpunkten so weit identifiziert, dass ihm jeweils entsprechende Spitznamen angehängt wurden: der «Prüfungsangst-Moeller», der «Selbsthilfe-Moeller», der «Designer des Zwi», also des Zwiegesprächs, und schließlich der «Papst der Paare», wie er neuerdings in der Presse tituliert wird. Dass er neben diesem enormen Werk auch noch berufspolitisch sehr aktiv war, also auch Breitenwirkung für seine Ideen entfalten konnte, dass er auch in der großen Politik nicht unbeachtet geblieben ist: all dies verdankt er neben seinen reichen Begabungen eben seiner Fähigkeit, sich zu begeistern, Dinge mit Leben zu erfüllen. In der Psychoanalyse würde man sagen: Er ist in hohem Maß imstande, Sachgegebenheiten libidinös zu besetzen.

Nun aber zu dem Werk, das ihm diesen Preis eingetragen hat: zu seinem vielfältigen Wirken für und über die Liebe. Sie ist, wie wir wissen, fragwürdig geworden, ein Problemfeld, etwas, das befragt werden muss.

Diese Fragen müssen, so denke ich, erst einmal in einen Rahmen gesetzt werden, der die Bedeutung dessen, was Michael Lukas Moeller in seiner langen publizistischen und therapeutischen Tätigkeit im Gesamten getan hat, klar heraushebt.

Die Bedeutung dieser Arbeiten ist vor allem zu sehen im Rahmen dessen, was in der Modernitätsdebatte Individualisierung genannt wird, was mit Worten wie Identitätskonstruktion und Selbstverwirklichung, aber auch im Wort Demokratisierung seinen Ort findet.

Sehr früh, nämlich schon in den siebziger Jahren, hat der Psychoanalytiker Michael Lukas Moeller einen Schritt weg von seinem Clan der Psychoanalytiker getan. Er hat nicht nur das berühmte Couchsetting verlassen (das hatten vor ihm schon Horst-Eberhard Richter und Helm Stierlin getan), er hat – ausgestattet mit den Kenntnissen des Psychoanalytikers – auch die bisher streng festgelegte Ordnung zwischen Patient und Therapeut verlassen. Das war damals in der Ordnung der Psychoanalyse ungewöhnlich, vielleicht sogar unanständig. Was uns heute ganz selbstverständlich vorkommt – dass man für viele alltägliche und unalltägliche Probleme Selbsthilfegruppen ins Leben ruft: nämlich Gruppen mit und ganz ohne fachliche Anleitung, deren Ziel es aber in jedem Fall ist, sich schließlich von der fachlichen Leitung zu emanzipieren. Das war damals alles andere als normal, und man konnte dafür in gewissen Kreisen schon in den Ruf eines Ketzers kommen.

Michael Lukas Moeller aber ist nicht nur Theoretiker, er ist auch Praktiker. Seine Überlegungen zur Möglichkeit von Selbsthilfegruppen wurden also nicht am grünen Tisch entworfen, sondern praktisch erprobt, immer wieder mit Änderungen und Neuerungen versehen und auf diese Weise praktikabel gemacht und immer wieder von neuem überprüft.

Ich erinnere mich noch sehr gut, wie wir eher links gerichteten Psychologen mit Spannung seine Veröffentlichungen gelesen haben, wie wir ausprobierten, was er vorschlug. Es war die Zeit der ersten Blüte der Gemeindepsychiatrie, in die solche Überlegungen sehr gut hineingepasst haben. Wir wollten mehr Demokratie, auch in unserem Bereich der psychosozialen Versorgung. Wir haben dabei einiges Lehrgeld zahlen müssen, aber die Versuche auf den Spuren von Michael Lukas Moeller mit Selbsthilfegruppen gelangen uns immer besser, waren bald aus unserem gemeindepsychologischen Projekt in Berlin Waldstraße zum Beispiel nicht mehr wegzudenken. Als der leider so früh und tragisch verstorbene Jürgen Fuchs später als Projektleiter das Projekt übernahm, waren Selbsthilfegruppen bereits fest etabliert, Mitarbeiter arbeiteten in ganz Berlin in solchen Einrichtungen und initiierten immer wieder neue Gruppen. Michael Lukas Moeller war also schon in diesem Bereich ungemein innovativ und bewegte vieles in der damals noch so jungfräulichen Landschaft der psychosozialen Möglichkeiten in der BRD. Dass er Psychoanalytiker war, wusste man zwar, aber seine Bemühungen gingen so weit hinaus über enge Fachgrenzen, dass alle möglichen Schulen der Therapie – Verhaltenstherapeuten ebenso wie Gestaltler oder Psychoanalytiker – seine Arbeiten studierten und nachahmten.

Schon diese Neuerungen hätten wohl genügt, ihm bleibenden Ruhm im Bereich unserer Berufe zu sichern. Ihm ist es zu verdanken, dass der Gedanke der Emanzipation des Klienten, die Infragestellung allzu grosser Abhängigkeit der psychisch Kranken von Kliniken und Ärzten und dem gesamten Versorgungssystem überall Fuss gefasst hat in der psychosozialen Welt. Es war die Zeit der Demokratisierung der Psychiatrie. Natürlich waren sehr viele Persönlichkeiten an diesem so typischen «Projekt der modernen Psychiatrie/Psychologie» beteiligt; Michael Lukas Moeller aber war hier in Deutschland einer der sehr, sehr wichtigen Vertreter.

Er ging aber noch einen Schritt weiter – und dafür hat er jetzt einen Preis bekommen, einen Preis, der – so wie damals in den Siebzigern – aufweist, dass Michael Lukas Moeller die Zeichen der Zeit nicht nur deuten kann und versteht, sondern ihnen auch praktisch und praktikabel begegnet.

Welche Zeichen der Zeit sind es, denen hier begegnet wird?

Es ist vor allem die im Zuge der Individualisierung einsetzende Selbstthematisierung des Alltagsmenschen in einer seit dem Beginn der Neuzeit neuartigen Weise. Nicht nur der Herrscher, der Abenteurer oder Entdecker wird nun Held einer Biographie. Es ist der Alltagsmensch mit seinen mehr oder weniger alltäglichen Erfahrungen und Erlebnissen, der sich in Briefen, Tagebüchern und autobiographischen Berichten kundtut. Das *Magazin zur Erfahrungsseelenkunde*, herausgegeben von Karl Philipp Moritz, zeigt im Laufe seines zehnjährigen Bestehens zwischen 1783 und 1793 den Wechsel vom Außergewöhnlichen zum Normalen auch in einer ersten Vorform systematischer Psychologie deutlich an. In verschiedenen Modi werden «Biographiegeneratoren» (wie Alois Hahn sie nennt) gefunden, das heißt: immer stärker wird im neunzehnten Jahrhundert die Abfolge von Geschehnissen im Lebenslauf unterfüttert von der Reflexion über eben diese Geschehnisse.

Ich überspringe die Geschichte dieser Biographiegeneratoren, die im Entwicklungsroman, in den Memoiren, in den Anleitungen zur Beichte oder in Briefen und Tagebüchern sich kundtut.

Gehen wir über zu den wichtigen Biographiegeneratoren unserer Zeit: zur Psychotherapie. Das «Geständnis» vor dem Seelsorger, die Zerlegung der eigenen Seelenlage, wird abgelöst vom «Geständnis» vor dem Therapeuten. In den letzten Jahren wird diese Art des Geständnisses oft verwertet, um nicht zu sagen verwurstet, von Medien wie bestimmten Talkshows im Fernsehen, nicht immer zum Nutzen der Beteiligten, oder auch eben von einer kleinen Öffentlichkeit in der Gruppe Gleichgesinnter. Im Zuge all dieser Selbstthematisierungen aber wird eine neue Sprache eingeführt in die Sphäre dieser Beschreibung des Psychischen. Es ist zu großen Teilen die Sprache der Psychoanalyse, in den letzten zwanzig Jahren vermischt mit der Sprache der Humanistischen Psychologie. Diese Sprache ist nicht mehr nur eine Fachsprache, sie wird zum allgemeinen Kulturgut, so wie auch die Psychotherapie nicht mehr wie zu Freuds Zeiten nur eine Sache der höheren Bildungsschicht ist.

Wieso aber dieser ungeheure Aufschwung der Selbstthematisierung?

Die Soziologen sprechen immer wieder von der Identitätsdiffusion, von der Tatsache, dass das Ich nicht mehr als ein einheitliches haltbar sei. Zersplittert in verschiedene Rollen, geprägt vom Druck der Nötigung zur individuellen Lebensfindung, ist Psychologie als eine der Möglichkeiten, sich seiner selbst zu vergewissern, unumgänglich geworden. Persönliche Einbrüche, psychische Probleme, Beziehungsschwierigkeiten: das alles muss nun in einer noch nicht da gewesenen Form auf das Innerpsychische bezogen werden, und dafür wird eine neue Sprache gefunden: Es ist die Sprache der Psychologie, vorwiegend der Psychotherapie. Der Homo psychologicus ist längst einer, der nicht nur auf einen engen Kreis von Fachleuten oder von Bildungsbeflissenen beschränkt ist. Er hat sehr viel weitere Kreise erobert, wie die geradezu nachwuchernden populären Veröffentlichungen zeigen.

Wenn man von Individualisierung spricht, muss man auch von der modernen Identitätsproblematik sprechen. Nicht nur im engen Raum der Therapie, vorgebracht von einigen besonders unglücklichen Seelen, ist sie virulent. Nein, auch hier ist eine Art von Demokratisierung der Probleme aufgetreten: nicht mehr genau zu wissen, wer man ist, was man darstellt. Identitätsbruch als Dauerzustand, also gleichsam immerwährende Pubertät: auch das ist der Preis für die Individualisierung und die Freisetzung von alten Rollenbindungen.

Nun wird auch in unserer Zeit der Mensch nicht allein gelassen in diesem problematischen Verhältnis zu sich selbst. Das Gefühl, eine in sich geschlossene Einheit zu sein, eine Kontinuität zu leben, wird nicht nur durch äußere Vorgaben, nämlich durch die soziale Rolle aufrechterhalten. Es sind in unserer Zeit mehr denn je die «Anderen», und gerade die intimen Anderen, also die *significant others*, wie der Fachausdruck der Soziologen lautet, die dem Einzelnen in seiner Unsicherheit über die eigene Person mehr Sicherheit geben können. Mehr denn je haben wir es nämlich nötig, unter den Schichten der wechselnden Rollenvorgaben unserer Gesellschaft nach etwas zu suchen, das Psychologen oft das «wahre Selbst», das «Authentische» oder auch das «Innerste» nennen. Und diese Suche braucht den anderen Menschen, braucht die Spiegelung in den Augen des anderen. Und natürlich braucht es die Spiegelung im Auge dessen, den man für den «Anderen» hält. In vielen Fällen ist dies der Lebenspartner.

Dies klingt schön und edel, aber: Wie schwierig scheint diese Aufgabe!

Die moderne Gesellschaft ist der Partnerschaft nicht gerade wohlgesinnt, wie wir an den vielen Scheidungen, Beziehungsabbrüchen und Eheproblemen schon rein äußerlich sehen können. Es sind natürlich auch hier die wegfallenden Rollenvorgaben, die das Zusammenleben schwierig machen, auch die lange Dauer der Ehe, die modernen Vorstellungen darüber, dass auch in einer Partnerschaft jeder sich nach seinem eigenen inneren Leitfaden entwickeln müsse, für viele auch die erhöhte äußere Mobilität. All dies ist schwierig zu bewerkstelligen, und daher sehen wir, dass diejenige Institution, die uns unsere Identität eigentlich bestätigen könnte, in ganz besonderer Weise fragil ist.

Hier nun hat Michael Lukas Moeller in seiner energischen und auf der Höhe der Zeit stehenden Weise sich und uns, seinen Lesern, klar gemacht, dass wir – allen Schwierigkeiten zum Trotz – Mittel entwickeln müssen, die uns helfen, Partnerschaften zu erhalten, weil gerade diese uns als modernen Menschen von größtem Nutzen sein können, uns unsrer selbst zu vergewissern.

Immer wieder wird beklagt – und auch Michael Lukas Moeller tut dies –, dass man bei uns zwar zu jeder Art von Arbeit eine Lehrzeit braucht, angeleitet werden muss, und nur diejenigen, die sich bewährt haben, zugelassen werden. Zur schwierigsten aller Arbeiten – zur Beziehungsarbeit – aber ist jedermann zugelassen. Dementsprechend sieht es auch oft aus – nichts als Pfusch!

Natürlich sagen manche, und auch diese Stimme hört man oft, dass man doch dort, wo man liebt, keine Lehrzeit braucht, dass man Beziehungen nicht überlasten sollte durch allzu viel Gerede, durch dauerndes Reflektieren über die Beziehung.

Dem lässt sich entgegenhalten, dass dort, wo nichts mehr selbstverständlich ist, es gar keine andere Wahl gibt als das Reden darüber, als die gemeinsame Aufgabe immer wieder zu überdenken. Und in modernen Ehegehäusen ist nichts mehr unhinterfragt, nicht die Geschlechterrollen, nicht die Bedeutung der Treue, nicht die Kindererziehung – alles muss in einer Weise, wie sie in traditionellen Zeiten nie existiert hat, immer wieder neu erfunden werden und dies in einer den jeweiligen Paaren angepassten Form.

Die moderne Psychologie, allen voran die Psychoanalyse, hat uns viele Möglichkeiten der Zergliederung unseres Seelenlebens aufgezeigt, und dies ist eben nicht nur Geheimwissen der Fachleute geblieben. Es ist dieses allgemeine Wissen aber beileibe nicht nur ein Segen. Es kann eine Waffe werden, ein scharf geschliffenes Messer, mit dem man Bindungen zerschneiden und verstümmeln kann, ganz abgesehen von den Verletzungen, die man dem Einzelnen damit oft zufügt. Michael B. Buchholz hat in diesem Zusammenhang einmal von solchen Familien gesprochen, wo eine Art von psychologischer «Gesinnungspolizei» sich dauernd einmischt. Es sind Beziehungen, die von einem oder von beiden dauernd zurückgeführt werden auf «nichts als», also: «Du siehst in mir nichts als deine Mutter», «Ich bin für dich nichts als eine funktionierende Maschine». Diese Art der Betrachtung – auf Englisch heißt sie *nothing-buttery* –, die dem anderen einfach etwas unterstellt, ist «nichts als» zersetzend. Nicht Fakten werden dabei ausgetauscht, sondern gemutmaßte Motive, ohne dass der andere sich je wehren könnte.

Michael Lukas Moeller hat den Spieß umgedreht: Er hat das Werkzeug der Psychoanalyse wieder zu dem gemacht, was es sein sollte: eines, das Aufklärung und damit Befreiung bringt. Dass es ihm gelungen ist, dies in die Hand von Laien zu legen: das macht sein Werk wirklich preiswürdig.

Er hat – und damit komme ich zum Wesentlichen – dem «ganz normal mit sich und seinem Partner Kämpfenden und Leidenden» Anleitungen an die Hand gegeben, wie man dieses messerscharfe Werkzeug verwendet, ohne dauernd zu verletzen. Er gibt relativ genaue Angaben, wie man im «Zwiegespräch» (jetzt wird es auch oft «Dyalog» genannt) vorgehen muss, um ein entsprechendes Ambiente zu schaffen. Ich denke, dass diese Anleitungen, die vom Einfachsten bis zum Kompliziertesten reichen, sehr wichtig sind. Es handelt sich dabei um so schlichte Dinge wie eine klare Zeitvorgabe (90 Minuten), die Bequemlichkeit des Sitzens oder Liegens, eine angenehme Atmosphäre und das Ausschalten von äußeren Störungen, aber auch um kompliziertere Dinge wie das Aussprechen und Ansprechen erotischer Wünsche. Immer aber ist es nötig, diese Zwiegespräche in aller Ehrlichkeit zu führen, also keine bewussten Lügen zuzulassen. Die unbewussten kann man zwar nicht willentlich ausschalten, aber durch die Kultur der Zwiegespräche – so kann man in vielen Fällen annehmen – werden die unbewussten Lügen, die ja nichts als Abwehrmanöver sind, gemildert, vielleicht sogar aufgehoben.

Michael Lukas Moeller hat durch seine genauen Anleitungen, wie solche Gespräche zu führen sind, eine neue Kultur geschaffen, Rituale, die in unserer modernen Zeit ja häufig fehlen bei der Bewältigung des Alltags. Dies ist eine ganz besondere Kunst: sich einzufühlen in wichtige Bedürfnisse einer Gesellschaft und diese nicht nur zu benennen, sondern auch Formen zu finden, wie man ihnen begegnet. Die große Verbreitung seiner Bücher und Seminare, die vielen Erfolgsmeldungen scheinen zu bestätigen, was man vermuten kann: dass solche Rituale für uns Traditionslose sehr wichtig sind, dass es auch wichtig ist, sich in größeren Gruppen immer wieder auseinander zu setzen mit bestimmten Themen, die allen auf den Nägeln brennen. Dass das Werkzeug dazu vorwiegend die Psychoanalyse ist, zeigt uns Psychoanalytikern auch wiederum auf, dass wir stolz sein können auf unser Erbe, das Erbe, das Sigmund Freud uns hinterlassen hat.

Natürlich hätte Freud sich gescheut, es in dieser Weise zu verwenden. Er ist ganz und gar ausgegangen von der intimen Mann-zu-Mann-(Frau-zu-Frau- etc.) Beziehung der Einzeltherapie; die Familienangehörigen empfand er als Störfaktor. Darüber sind wir in vielerlei Form hinausgegangen: Paartherapien, Familientherapien und Gruppen sind auch für Psychoanalytiker selbstverständliches Handwerkszeug.

Was aber auch Psychoanalytiker ängstlich macht, ist die Übergabe der Psychoanalyse an Laien. Hier zeigt uns nun Michael Lukas Moeller, dass diese Art des Denkens über die Seele nichts Geheimnisvolles und Unverständliches zu sein braucht. Er hat die Sprache der Psychoanalytiker in gehobene Alltagssprache übersetzt, ohne dass etwas von ihrem Wesen verloren geht, und gleichzeitig hat er sie damit verständlich gemacht für denjenigen, der sich die Mühe macht, Psychisches überhaupt verstehen zu wollen.

Ich habe persönlich immer wieder darauf hingewiesen, wie sehr sich die Wissenschaft ins eigene Fleisch schneidet, wenn sie die Öffentlichkeit ausschließt aus ihren Überlegungen, indem sie eine unverständliche Sprache verwendet und dabei noch behauptet, dies sei unumgänglich nötig. Ganz besonders in den Geistes- und Sozialwissenschaften ist es absolut nicht nötig, den meisten Menschen fassliche seelische Tatbestände durch Sprachmonstrosität zu verunklaren. Michael Lukas Moeller kann verständlich schreiben, er kann sehr schön schreiben. Er versieht vieles mit Beispielen, mit Zitaten aus der Belletristik oder Essayistik – es macht Freude, dies zu lesen.

Michael Lukas Moeller hat sehr viele Erfahrungen gesammelt im Umgang mit dem Paarleben und natürlich auch im therapeutischen Umgang mit dem Einzelnen – als Berater, als Therapeut. Er weiß natürlich, dass jedes geglückte Paarleben nur auf dem Boden eigenständiger Persönlichkeiten möglich ist. Dass es ziemlich viel auch an Selbstbesinnung braucht, um sich über die Paarbeziehung klar zu werden. Und so sind seine Anleitungen nicht nur darauf ausgerichtet, die Beziehung zu fokussieren, sondern haben auch immer wieder die Beziehung des Einzelnen zu sich selbst zum Thema.

Dieses große Thema verdichtet sich in einem Wortpaar, das durch vielen Gebrauch schon wieder in Gefahr ist, im Cliché zu erstarren. Es ist das Wortpaar von Nähe und Distanz. Warum ist dieses Wortpaar zum Schlagwort geworden?

Immer schon, so denke ich und so wird es im psychoanalytischen Raum auch meist gesehen, stehen Menschen unter dem ambivalent erlebten Wunsch nach Nähe und fürchten gleichzeitig, von allzu viel

Nähe aufgefressen, ausgelöscht zu werden. Dies ist vermutlich in jedem noch so kleinen Menschenkind angelegt, und eine der großen Entwicklungspsychologinnen, nämlich Margret Mahler, hat dies denn auch zum Angelpunkt der gesamten menschlichen Entwicklung gemacht in ihrer Theorie: den Wunsch nach Symbiose und den entgegengesetzten nach Autonomie. Je nach Stadium der Ichreifung wird diese Ambivalenz neu erlebt, und es muss ihr in einer gut laufenden Erziehung neu und adäquat begegnet werden. Es ist aber offensichtlich schwer, diese Balance immer wieder neu zu finden. Und auch hier begegnen wir «typischen» Schwierigkeiten in unserer Zeit, weshalb dieses Wortpaar solche Karriere machen konnte. Ich meine, dass es deshalb wichtig ist, weil wir als Massengesellschaft in vielen Belangen wenig Raum haben, also in dauernder Nähe zu anderen leben – sei es im zehnstöckigen Wohnhaus oder im Großraumbüro. Diese Nähe allerdings ist oft erzwungen, nicht abgepolstert durch wirklichen inneren Kontakt oder auch nur durch ein Wissen um den anderen Menschen neben uns. Die Distanzbemühung aber ist mehr denn je geschuldet der dauernden Überlastung durch die vielfältigen Reize der hochkomplexen Umwelt, in der wir uns bewegen.

Gleichzeitig aber ist uns die intime Nähe zu anderen ganz besonders nötig, wie ich schon vorher begründet habe. Auch Nähe und Distanz sind nicht durch Rollenvorgaben geregelt, auch dies muss man sich individuell erarbeiten in einer vorher in dieser Form noch nicht da gewesenen Weise.

Alle diese Überlegungen werden in Michael Lukas Moellers Anleitungen sehr genau ins Kalkül gezogen. Die vielfältigen Selbstreflexionen, die sich um dieses Thema ranken, werden von allen Seiten beleuchtet und wiederum zum Thema der Reflexion gemacht.

Noch einiges zur Darstellungsweise: Ich war und bin der Meinung, dass in den Wissenschaften von der Gesellschaft und von der Seele immer die Narration Vorrang haben sollte vor der abstrakten Darstellung, die oft den Leser mit einem dürren Begriffsbündel zurücklässt, wo er sich doch zu Recht einen blühenden Strauß erwartet hat. Wenige Wissenschaftler verstehen es, einen solchen Strauß zu präsentieren. Michael Lukas Moeller versteht dies sehr gut – und deshalb kann er auch mit seinen Büchern so viele Menschen für sein Thema interessieren. Aber nicht nur die Narration, die vielen Vignetten, mit denen er sein Thema lebendig gestaltet, machen den Reiz seiner Bücher aus. Es ist auch die Erfahrung des Lesers, dass hier einer sich selbst nicht ausspart. Manchmal gibt er direkt aus seinem Erleben etwas preis, manchmal kann man es indirekt merken: Hier spricht einer, der Schwierigkeiten aller Art selbst erlebt und erlitten hat, einer, der – mit einem Wort – weiß, wovon er spricht. Die Form der Selbstenthüllung, die Michael Lukas Moeller kreiert hat, ist nie peinlich, nie aufdringlich – sie reicht gerade so weit, dass man sich von einem angesprochen fühlt, der ein «Bruder» im Erleben ist.

Ein Wort noch zur Ausweitung seiner Thematik über die Paarbeziehung hinaus: Auch die Freundschaft fällt natürlich in das Kapitel «der signifikante Andere als einer, der meine Identität stützt». Und so hat Michael Lukas Moeller sein Thema ausgeweitet auf Freundschaften. Ich finde auch dies besonders wichtig und bemerkenswert. Während das Thema der Zweierbeziehung schon seit vielen Jahren virulent ist, ist erst in den letzten drei bis vier Jahren das Freundschaftsthema in den Blick der Wissenschaft geraten. Ich denke, dass es außerordentlich wichtig ist (zum Beispiel in Hinblick auf die kinderarmen oder kinderlosen Familien sowie auf die vielen Singles) und in den nächsten Jahren sicher mehr Beachtung finden wird. Ich freue mich schon darauf, auch darüber noch mehr von Michael Lukas Moeller zu lesen.

Michael Lukas Moeller hat natürlich auch die Problematik der neuen Einheit der Deutschen gesehen. Zusammen mit seinem Kollegen Hans-Joachim Maaz hat er das Thema aufgegriffen. Nun sind die Deutschen in beiden Teilen des Landes natürlich keine «Liebenden», oft sogar das Gegenteil. Aber gerade Letzteres gibt natürlich einem Theoretiker der Liebe zu denken.

Michael Lukas Moeller hat auch hier versucht, mit dem Mittel des Zwiegesprächs mehr und Intimeres zu erfahren über den inneren Zustand der beiden Hälften Deutschlands. Die Ergebnisse zeigen, dass man auf diese Weise sehr viel mehr erfahren kann als in normalen Interviews. Ich halte das Zwiegespräch, seit ich diese Protokolle gelesen habe, übrigens auch für eine gute Forschungsmethode.

Lassen Sie mich noch eine persönliche Bemerkung machen, lieber Michael Lukas Moeller. Ich komme aus dem Milieu des Wiener Bürgertums, und wenn wir auch nicht alle immer sprechen wie Schnitzlers oder Hofmannsthals Figuren: Es ist schon eine bestimmte unverwechselbare Redekultur vorhanden, die wir Wiener gerne pflegen. Ich habe daher von Kindheit an erfahren, wie man im Sprechen Welt entfaltet, wie man gemeinsam sprechend versuchen kann, auch innere Tatbestände immer besser zu benennen. Von Jugend auf habe ich daher den wunderbaren kleinen Essay von Kleist *Über die allmähliche Verfertigung der Gedanken beim Reden* (1805/06) geliebt.

Ihre Methode knüpft an an das Vertrauen auf die gemeinsame Sprache. Wir wissen alle, wie sehr Sprache missbraucht werden kann, wie man sie dazu verwenden kann, Gedanken nicht zu verfertigen, sondern zu verschleiern. Talleyrands Bonmot «Die Sprache ist dem Menschen gegeben, um seine Gedanken zu verbergen» wird witzig getoppt von Kierkegaards Aperçu: «Die Menschen scheinen die Sprache nicht empfangen zu haben, um die Gedanken zu verbergen, sondern um zu verbergen, dass sie keine Gedanken haben.»

Ihre Methode vertraut der Sprache, wenn sie von zweien (oder mehreren) getragen wird, die sich verstehen wollen, die daher ihre Gedanken aneinander und miteinander verfertigen. Dieses Vertrauen in das Gespräch ist die Basis Ihres Weltverstehens, so wie es auch meines ist. Auch in unseren Psychokreisen ist das Reden «über» oft missbraucht worden zu einem endlosen Psycho-Palaver. Ihre konkreten und klaren Anleitungen sind gegen solchen Missbrauch ein Schutz. Ich danke Ihnen dafür, dass Sie uns allen Mut machen, das Miteinander-Sprechen ernst zu nehmen und der Macht des Wortes zu vertrauen – vorausgesetzt, es steht dahinter ein ernsthafter Wille. Ohne den freilich sind alle Worte unnütz.

Hans Christian Meiser

Mut zur Liebe

Otto Mainzer, Michael Lukas Moeller und die Herausforderung zur Selbstbefreiung

Vor siebenundneunzig Jahren, am 26. November 1903, wurde hier in Frankfurt der Rechtsphilosoph, Schriftsteller und Dichter Otto Mainzer geboren. Unnachgiebig und unbestechlich kämpfte er dafür, durch seine Werke zur Schaffung einer gerechteren Gesellschaft, eines befreiten Individuums und einer menschlicheren Menschheit beizutragen. Gleichwohl war Otto Mainzer kein neuzeitlicher Prometheus nach der Sentenz «Hier sitz' ich, forme Menschen», nicht umsonst aber hat er seiner großen – und erst 1988 mit fünfzigjähriger Verspätung erschienenen – Romantrilogie den Titel *Prometheus* gegeben. Trotz der Auszeichnung durch die American Guild for German Cultural Freedom 1939 kam es nicht zur Publizie-

---

Dr. Hans Christian Meiser, General Representative der Otto and Ilse Mainzer Fellowship, New York, hielt diese leicht überarbeitete Preisrede am 10. Oktober 2000 bei der feierlichen Verleihung des ersten Internationalen Otto Mainzer Preises für die Wissenschaft von der Liebe an Michael Lukas Moeller in der Aula der Goethe-Universität zu Frankfurt am Main.

rung. Hitlers Wehrmacht besetzte Frankreich, und Otto Mainzer verschwand von einer literarischen Bühne, die wirkungsvoll zu betreten man ihm keine Gelegenheit gegeben hatte.

Es begann die Irrfahrt durch die französischen Internierungs- und Konzentrationslager: Sourioux, Neuvy, Cepoy, Les Milles, Saint-Nicolas, Gurs. Während sein Vater und seine Mutter in deutschen Lagern umgekommen waren, überlebte Otto Mainzer. Doch seine Werke konnten auch das Licht einer neuen Welt lange nicht erblicken. Er war zum Stummsein verurteilt.

Um unabhängig schreiben zu können, war er ursprünglich Jurist geworden, Referendar «mit Auszeichnung», Doktor summa cum laude, Habilitand für Öffentliches Recht und Rechtsphilosophie. Seine Dissertation *Gleichheit vor dem Gesetz, Gerechtigkeit und Recht* erschien 1929 bei Julius Springer in Berlin. Die Habilitationsschrift über Gerechtigkeit als Gegenstand wissenschaftlicher Erkenntnis musste – nach der Nazi-Machtergreifung im Januar 1933 – unvollendet bleiben. Seine Zulassung als Rechtsanwalt beim Kammergericht wurde 1933 entzogen. So waren ihm wertvolle Jahre, in denen er als Freischaffender hätte publizieren können, geraubt, und er kam als namenloser Emigrant in Paris an.

Unter solchen Umständen bedeutete es einen ungewöhnlichen Erfolg, dass er 1939 seinen ersten Gedichtband *Der zärtliche Vorstoß* unter dem Pseudonym Peter Grund mit Hilfe einer von André Gide, Heinrich Mann und Arnold Zweig eröffneten Subskription herausbringen konnte. Anselm Ruest, in eingehender Besprechung, begrüßte ihn in der *Neuen Weltbühne* als «neuen Dichter», verglich ihn mit Horaz, Heine, Platen. Ein Nazi-Verbot «sämtlicher Schriften des Emigranten Peter Grund» folgte. Stefan Zweig, der den *Zärtlichen Vorstoß* kannte, schrieb im Jahr des Erscheinens an den Autor: «Ich habe etwa die Hälfte der Gedichte bisher gelesen, von denen mir einzelne vollkommen geglückt erscheinen, und von denen jedes einzelne, auch die nicht ganz ausgeglichenen und bekenntnishaften, eine ganz besondere Intensität der Persönlichkeit zum Ausdruck bringt. Zu einer anderen Zeit hätte ein solches Buch Ihrer ganzen Publikation mit einem Ruck den Weg freigestoßen. Jetzt sind wir alle taub für alles Lyrische, weil uns die Ohren gellen von den tausendfältigen Hilfeschreien und man seine ganze Kraft darauf einstellt, das nackte ungeistige Faktum Leben möglichst vieler Menschen zu retten. Die Zeit ist ungerecht gegen Sie, aber gegen wen nicht? Und Sie haben wenigstens den Vorteil, dass Sie jung sind und die hoffentlich kurze Periode der literarischen Aussichtslosigkeit überstehen.»

Die Zeit *blieb* ungerecht gegen Otto Mainzer, und aus der kurzen Epoche der literarischen Aussichtslosigkeit wurde beinahe ein halbes Menschenleben. Erst 1986 wurde *Der zärtliche Vorstoß* in originalgetreuer

Reproduktion wieder aufgelegt. Hans Wollschläger wandte sich an den Verfasser: «Ihre Gedichte haben mich sehr angerührt, und ich empfinde sie als bedeutendes Zeugnis der Liebes-Poesie – nicht nur in diesem Jahrhundert und schon gar nicht in der kahlen Gegenwart unserer Flattersatz-Lyriker. Was 1939 ihre stoffliche Kühnheit war, ist zwar von der Zeitentwicklung eingeholt worden, in der zarten Geradheit ihres Sprechens aber, wie auch in ihrer geschmacklichen Sicherheit und Eleganz, stehen sie immer noch einzig da: als Stimme eines Menschen, der in der Zeitgenossenschaft immer seltener geworden ist.»

Nach der Kriegsinternierung gelangte Otto Mainzer völlig mittellos in die Vereinigten Staaten von Amerika, wo er sich durch fundierte Kenntnisse auf dem Gebiet der Graphologie am Leben hielt.

Erst 1952 konnte er – auf Verlegersuche – durch Voraus-Verpfändung hart erstrittener Rückerstattungsbeiträge die neu entstandene Bundesrepublik Deutschland wieder besuchen, wo ihm allerdings die knappe D-Mark, eine inzwischen etablierte literarische Klüngelwirtschaft sowie die Verdrängungspolitik der Ära Adenauer größere Veröffentlichungen unmöglich machten. Ein führender Verlag bot ihm an, den *Prometheus* herauszubringen, wenn er ihn zum bloßen «Liebesroman» umarbeiten, das heißt sein Herz, seine Philosophie herausschneiden würde. Otto Mainzer schlug das Angebot, das Seziermesser an sich selbst anzusetzen, aus – und wurde weiterhin abgelehnt. Bis 1979 verlief sein Kampf um Verleger im gesamten deutschen Sprachgebiet erfolglos.

Immer wieder rackerte er sich auf der Frankfurter Buchmesse ab. Auch sein in der Pariser Emigration entstandener und von Wilhelm Reich lebhaft begrüßter Essay *Die Eroberung des Geschlechts*, eine aus fundamentaler Kritik am menschlichen Sexualverhalten geschriebene «Treibjagd durch den Urwald der Zivilisation», stieß auf wiederholte Ablehnung durch die Repräsentanten der vermeintlichen sexuellen Befreiungswelle der sechziger Jahre, jener Revolutionäre, die nur scheinbar wild waren, in Wahrheit aber bürgerlicher Ideologie verhaftet blieben. Rückhaltlose Selbstkritik und neuer Mut führten zu einer völligen Neuschrift der von 1935 bis 1937 entstandenen *Eroberung des Geschlechts*, die endlich, 1981, unter dem Titel *Die sexuelle Zwangswirtschaft. Ein erotisches Manifest* veröffentlicht wird. Otto Mainzer ist, da er zum ersten Mal nicht mehr unter Pseudonym vor seine Leser tritt, achtundsiebzig Jahre alt, und beinahe fünfundachtzig, als der *Prometheus* endlich von seinen Fesseln befreit wird. Beide Werke behandeln die kulturellen Folgen der institutionell-zwangsläufigen Verknüpfung sexueller Bedürfnisse mit wirtschaftlichen Interessen, von denen Ehe und Versorgungsanspruch nur Erscheinungsformen sind.

Sexuelle Zwangswirtschaft bedeutet die zwangsweise Verknüpfung erotischer Bedürfnisse mit ökonomischen Absichten, wobei weder die Aufgaben des Sexus noch die der Wirtschaft befriedigend gelöst werden können. Denn was am Menschen aufrichtig und zärtlich ist, kommt vom Eros; hinterhältig und grausam ist nur seine wirtschaftliche Ausbeutung. «Unter der Oberfläche scheinfortschrittlichen Meinungswirrwarrs bestehen die alten Nöte des Geschlechts für die überwiegende Mehrheit, zumal der Jugendlichen, fort.»

Der *Prometheus* ist – abgesehen von dieser Ebene – der erste Roman, welcher den Psychoanalytiker zum «Helden» hat und der zudem als Zeitroman mit detaillierter Schilderung der Umstände des Exils, als ein Roman der Psychoanalyse gelten kann. Sein Autor ist ein außergewöhnlicher Mensch. «Er denkt», wie Hans Krieger in der *Zeit* schrieb, «radikal – im Doppelsinn des Wortes: an die Wurzel gehend und mit einer Unerbittlichkeit, die durch keinen Widerstand der Realität aus dem Gleis zu bringen ist. Ein geistig Mutiger schreibt für geistig Mutige.»

Gerade deshalb aber wurde Otto Mainzer zum Stummsein verdammt, zum mehr als fünfzig Jahre währenden Zwangsexil. Das war der Preis für seinen Idealismus. Es sollte zu denken geben, dass keiner die Wahrheit wirklich will, obwohl er sie sucht, dass jeder nach ihr unterwegs ist, um sie dann, wenn er auf sie trifft, zu zerstören. Daher gilt für Otto Mainzer dasselbe, was Bertolt Brecht 1935 an Lion Feuchtwanger schrieb: «Wer die Unwahrheit sagt, wird auf

Händen getragen. Wer dagegen die Wahrheit sagt, der braucht eine Leibwache, aber er findet keine.» – «Freuet euch am schönen Schein ...», das gerade hat Otto Mainzer, dieser Partisan der Liebe, nie vermocht. Und deshalb sollte er literarisch nicht vorhanden sein? Ein apokrypher Autor? Verboten. Vergessen. Totgeschwiegen. Mit achtundsiebzig Jahren endlich veröffentlicht. Stationen eines Lebens. Befreier des Geistes unerwünscht.

Otto Mainzer ist aber kein Weltverbesserer im gewöhnlichen Sinn. Es schwebt ihm, wie er einmal sagte, eine ganz neue Menschenwelt vor, die so fern der heute bestehenden ist, dass sie nicht einmal voll konzipiert und ausgedacht werden kann, weil unsere Vorstellungswelt so besetzt ist mit dem, was wir um uns sehen. Es kommt ihm infolgedessen auch nicht darauf an, die Ehe besser oder vergnüglicher zu gestalten. Es ist ihm uninteressant, ob die Menschen mehr oder weniger Pläsier aus ihrem Geschlechtsleben herausholen. Sein Anliegen ist, sie zu befähigen, sich sexuell so zu entwickeln, wie sie von Natur aus angelegt sind, und dadurch die bestmöglichen erotischen Ergänzungen zu finden.

Aus dieser Überlegung heraus entstand Otto Mainzers Wunsch, die Liebe wissenschaftlich erforscht zu wissen, ein Gedanke, der die Grundlage für den Otto-Mainzer-Preis für die Wissenschaft von der Liebe bildet. Verbunden ist der Preis mit einer Vorlesung an der New York University – auf Einladung der Otto and Ilse Mainzer Fellowship. Ausgezeichnet werden herausragende Beiträge zum Verständnis der Bedingungen von Liebe und Sexualität.

Wenn wir nun in diesem Jahr den Preis zum ersten Mal verleihen, dann geschieht dies, weil wir unter den möglichen Preisträgern Professor Michael Lukas Moeller als denjenigen erkannten, der den Ideen Otto Mainzers am nächsten steht. Professor Moeller erhält den Preis also für sein Lebenswerk auf dem Hintergrund seines innovativen Engagements für die Psychoanalyse und die Autonomisierung der Bevölkerung, insbesondere für sein soeben abgeschlossenes Quartett der Zwiegesprächsbücher, die auch praktisch verbunden sind mit der Entwicklung von Netzwerken wesentlicher Dialoge in vielfältigen Zweierbeziehungen: *Die Liebe ist das Kind der Freiheit*, *Die Wahrheit beginnt zu zweit*, *Worte der Liebe* sowie das jüngst erschienene Werk *Gelegenheit macht Liebe*.

Professor Moellers Arbeiten kennzeichnen von Anfang an unkonventionelle Zielsetzungen und Visionen auch gegen traditionelle Positionen. Seine konsequente Beachtung des dialogischen Prinzip führte – über seinen maßgeblichen Beitrag zur Selbsthilfegruppenbewegung hinaus – zur Erforschung und Entwicklung der Zweipersonenbeziehung und ihrer erotischen Lebendigkeit. Dabei stehen die Gefahren der «Entselbstung», der Entmündigung durch Sprachlosigkeit und der bedrohlichen Verödung der Beziehungen im Zentrum seines Engagements. Er setzt damit den Entwurf Otto Mainzers zu einer entwickelteren Beziehungskultur fort, und wie dieser ist er ein Anwalt aufgeklärter Lebenspraxis und engagierter Kritiker aller dogmatisch-sexuellen Zwänge.

Die geistige Herausforderung, die Otto Mainzer und Michael Lukas Moeller ihren Lesern bieten, ist eine Herausforderung zur Selbstbefreiung. Wer immer diesen Weg zu gehen bereit ist, es wird für ihn nicht umsonst sein, vorausgesetzt, er hat Mut. Den Mut zur Wahrheit. Den Mut zur Liebe. Und den Mut zu Eros. An uns liegt es, den zärtlichen Vorstoß zu wagen und uns vom heiligen Feuer der Erkenntnis, das Prometheus bringt, entflammen zu lassen. Wir allein vermögen es, die Tränen des Eros zu stillen. Und gerade hierin liegt der einzige Weg zu einem dauerhaften Frieden. Denn dieser wird, so paradox dies klingen mag, nur durch den totalen Krieg der Liebe ermöglicht.

In seinem Tagebuch notiert Otto Mainzer: «Schritt für Schritt sah ich die Katastrophe kommen, und die Frage ‹wie entgehe ich dem kommenden Krieg?› unterspült meine Arbeit. Andererseits geben die von kriegerischen Entwicklungen in der ganzen Welt schreienden Schlagzeilen meiner besonderen Friedensbotschaft höchste Aktualität: Krieg als Gegenspieler von Eros.» Deshalb kann Otto Mainzer wie sein Held im *Prometheus*, der Psychoanalytiker Helmut Brand, der im Roman selbst an einem großen

Prometheus-Drama arbeitet, nicht anders, als den auf ihn zukommenden Krieg und alle Vorbereitungen dafür wahrzunehmen und in immer neuen Versuchen, seine Ideen, die alles Pulver in der Welt unbrauchbar machen sollen, allen Widerständen zum Trotz an die Öffentlichkeit zu bringen. Denn letztlich ist es einzig die Sprache der Liebe, nie aber die eines religiösen Fanatismus oder einer doktrinären Politik, die es wagen kann, mit Erfolg zu sagen: Nie wieder Faschismus, nie wieder Krieg.

«Kein Ohr, sein Wort zu fassen», heißt es im *Prometheus*, «kein Auge, sein Gesicht wahrzunehmen, unerkannt im Tode wie im Leben, muss Prometheus seinen Weg vollenden.» Beinahe hätte Otto Mainzer das Prometheus-Schicksal am eigenen Leibe erlebt. Doch der Adler des Zeus, der demjenigen, der den Menschen das Feuer der Erkenntnis zu bringen wünschte, die Leber zerhacken wollte, kam im Falle von Otto Mainzer zu spät. Um ein Haar nur hätten die Mächtigen das Licht eines der aufrichtigsten und tapfersten Menschen zum Erlöschen gebracht. Prometheus vollendete in der Verbannung den Menschen, Otto Mainzer aber vollendete in der Verbannung den *Prometheus*. Wird die prometheische Idee dennoch ein «Werk ohne Ende» bleiben?

Otto Mainzer starb mit einundneunzig Jahren in New York. In ihrer Autobiographie, die den schönen Titel *Zurück nach vorn. Mein Leben mit Prometheus* trägt, schreibt die Musikerin Ilse Wunsch-

Mainzer, die Witwe Otto Mainzers: «Unweit seiner Krypta habe ich ein anmutiges Bäumchen anpflanzen lassen, ein ‹American Dogwood›, gewählt aus einer Baumschule. Ich taufte es ‹Ottorino›, und schon trägt es rosa Blüten im Mai, wächst und breitet sich aus. Möge es als Symbol der Werke Otto Mainzers über die Liebe gedeihen, die Liebe zwischen den Geschlechtern: Otto Mainzers Thema mit unendlichen Variationen, sein in die Zukunft projiziertes ‹Gedankengebäude›, welches das Wesen der Liebe mit seinen grundlegenden Elementen zu ergründen sucht. Mangels einer ‹Wissenschaft der Liebe› hat Otto Mainzer vorsorglich eine kleine Stiftung hinterlassen, welche einmal dazu dienen soll, zu weiterer Entwicklung der in seiner *Sexuellen Zwangswirtschaft* dargelegten ‹Denkanstöße› anzuregen. In ihnen gilt es, die ‹Gesetzlichkeiten der Liebe› wissenschaftlich zu ergründen, ihrem ‹Chemismus erotischer und geistiger Eigenschaften› nachzuspüren, ‹erotische Ergänzungen›, ‹Resonanzgesetze› zu erforschen sowie unzählige andere Aspekte der Liebe zu eruieren.»

Mit dem heutigen Tag nimmt Otto Mainzers Vorhaben konkrete Gestalt an. Der Preis, den wir Michael Lukas Moeller verleihen, ist deshalb auch mehr als einfach nur ein Preis. Er ist, so steht zu hoffen, der Auftakt zu einer neuen Wissenschaft, die uns helfen wird, – um mit Otto Mainzer zu sprechen – «im Wagnis des Geschlechts über uns hinauszuwachsen und, Lust um Lust, Freundschaft um Freundschaft teilend, unser Dasein zu vollenden. Im Einklang mit uns selbst wie mit der gefährdeten Art Homo sapiens.»

Michael Lukas Moeller

Die Liebe, das Leben und die Leistung

Versöhnung

Meinem Dank möchte ich vorangehen lassen, dass dieser Preis eine ungewöhnliche Geste der jüdisch-deutschen Versöhnung darstellt: Otto Mainzer, von den Nazis aus seiner Geburtsstadt Frankfurt verjagt und für seinen gesamten Lebensweg hoch beeinträchtigt, stiftet zum einen trotz des erlebten Hasses einen Preis für die Wissenschaft von der Liebe, zum anderen erhält diese Auszeichnung ein erster Preisträger, der genau in dieser Stadt, die ihn vertrieben hat, wohnt und lehrt. Eine zweifache Aussöhnung vollzieht sich also mit dieser Ehrung. Ilse Wunsch-Mainzer und Hans Christian Meiser ist zu danken für den Mut zu dieser Aussöhnung. Es wird aber auch unmissverständlich deutlich, in wie viele Tode die Liebe eingebettet ist. Ohne Holocaust kann die Liebe heute

---

Dankrede zur Verleihung des «Internationalen Otto-Mainzer-Preises für die Wissenschaft von der Liebe» in der Aula der Goethe-Universität zu Frankfurt am Main am 10. Oktober 2000.

nicht verstanden werden. Liebe hat unzählige Dimensionen und Definitionen. Eine fundamentale Bedeutung lautet für mich: Lieben ist Gegensterben. Eine andere enthält den Traum, dass die Liebe Berge versetze und unverwundbar mache. Das Gegenteil scheint mir eher der Fall. John Brantner fasste es in zwei Sätzen zusammen:

«*Nur wer die Liebe meidet,
kann dem Schmerz entgehen.
Es kommt darauf an, aus ihm zu lernen
und weiterhin durch Liebe verwundbar zu bleiben.*»

I. Psychoanalyse

«Jede psychoanalytische Behandlung ist ein Versuch, verdrängte Liebe zu befreien», sagte Sigmund Freud. Aber auch abgesehen von seinem bemerkenswerten Satz hätte mein Dank mit der Psychoanalyse begonnen, insbesondere mit dem Erleben meiner Eigenanalysen. Ohne diese kritische Selbstaufklärung wäre mir der Preis sicher nicht verliehen worden. Ich genieße es bis heute, dass sie umständehalber so üppig und so vielfältig ausfielen – bei zwei Analytikerinnen und zwei Analytikern, zusätzlich die jahrelange gruppenanalytische Selbsterfahrung und zwei Paaranalysen. Ich habe sie für mein persönliches Leben gemacht, doch sind sie – der Stipendien verleihenden Deutschen

Forschungsgemeinschaft sei es besonders gesagt – direkt der Wissenschaft zugute gekommen. Eine meiner Lehranalytikerinnen, die mich besser kennen dürften als diejenigen, die mich lieben und liebten, schrieb mir zu diesem Preis, er entspreche meinem gelebten Leben. Das weist auf etwas Besonderes, wenn nicht Heikles: Die Wissenschaft von der Liebe, die ja so gut wie nicht existiert, doch hoffentlich durch die kühne Preis-Initiative entstehen wird, ist durch und durch auch auf das persönliche Erleben der Preisträger angewiesen. Allein wegen dieser tief in das eigene Gefühlsleben reichenden Dimension kann ich mir auch in Zukunft kaum eine Preisvergabe jenseits der Psychoanalyse oder Psychotherapie vorstellen. Dem entspricht die Erwägung der Stifter, ihn gleich von Anfang an als einen *Preis für die Psychoanalyse der Liebe* zu bezeichnen. Selbst wenn Freud in den Mittwochsgesprächen vorschlug, nach antikem Vorbild eine «Liebesakademie» zu gründen, eine Idee, die in einer allseits lebens- und liebesbehindernden Gesellschaft heute nichts von ihrer befremdlichen Bedeutung verloren hat, bin ich persönlich doch über den Begriff «Wissenschaft» froh, weil er die Liebe und die Psychoanalyse den grassierenden illusionären Verkennungen enthebt und beiden einen Rang verleiht, der ihnen zusteht. Darüber hinaus ist er für Entwicklungen offener; denn die Psychoanalyse ist für mich von Anfang an eine Wissenschaft vom Menschen, die den Kern einer künftigen umfangreicheren Disziplin darstellt, für die es noch keinen Namen gibt. Darin stimme ich mit Otto Mainzer ganz überein.

Am leidenschaftlichen, abgründigen und von jedem hoch geschätzten Thema der Liebe zeigt sich übrigens in Zeiten hässlicher öffentlicher Angriffe ein schönes Gesicht der Psychoanalyse. Bis heute bin ich mit großer Überzeugtheit Psychoanalytiker. Mich freuten unter den zahlreichen Zuschriften von Freunden, Kolleginnen und Kollegen, für die ich allen sehr danken möchte, besonders die Zeilen eines angesehenen Mitglieds unserer Vereinigung: Mit Deinen Werken und dem Preis «hast Du der Liebe, Dir und – der Psychoanalyse mehr als einen großen Dienst erwiesen. Wo ist die Psychoanalyse sonst so bejahend dargestellt worden? Nirgends.» Die Verantwortung für das Bild der Psychoanalyse in der Öffentlichkeit gehört in meinen Augen zu den zentralen Voraussetzungen jedes Analytikers.

II. Wissenschaftlicher Werdegang

Von heute aus rückblickend gesehen, erscheint meine so genannte wissenschaftliche Entwicklung von den ersten Anfängen bis zu dieser Auszeichnung mit einem internationalen Preis für die Wissenschaft von der Liebe geradlinig wie eine Fluglinie. Eine solche Entwicklung ist aber natürlich nie nur wissenschaftlich – in diesem besonderen Falle sogar sehr persönlich, ja intim – und nur im Nachhinein geradlinig. Wie bei der Evolution des Menschen beispielsweise ist der wissenschaftliche Werdegang ein buschartiges, viel verzweigtes Wachsen in die unterschiedlichsten Richtungen. Er ist von Zufällen stark beeinflusst und dürfte – nach George Vaillants berühmter über sechzig Jahre reichender, psychoanalytischer Studie von Harvardabsolventen (1980) – ebenso unvorhersagbar sein wie unser Lebenslauf.

Eine andere Universität, an der ich studiert hätte, eine geringfügige Abweichung in meiner Anstellung als Arzt, eine Gruppendynamik an meinem Arbeitsplatz, die ein variiertes Milieu geboten hätte – und alles in meinem Leben wäre heute verändert. Erst ein bestimmter Endpunkt – beispielsweise diese Ehrung meines Lebenswerkes – lässt einen geraden Weg in die Vergangenheit verfolgen. Es hätte aber ebenso gut auch ein ganz anderes Moment sein können, auf das ein Weg mit ebensolcher linearen Zielstrebigkeit geführt hätte.

Es gleicht einer Kränkung, wenn man akzeptieren muss, dass die eigene Leistung, ja das eigene Leben, von so vielen Zufälligkeiten, von so vielfältigen Einflüssen und so wenigen selbstständigen Entscheidungen mitbestimmt ist.

Ich wollte beispielsweise zuerst Musiker werden, Cellist, dann Maler, und schließlich gab es zur Zeit der medizinischen Physikumsprüfung eine realistische Chance, meine klassische Ballettausbildung in eine aussichtsreiche Tänzerkarriere münden zu lassen. Kurz vor Ende meines Studiums wurde mir in Berlin die Leitung der damals für mich interessantesten Galerie für moderne Kunst angeboten – wie wäre mein Leben heute, hätte ich mich dafür entschieden? Immerhin habe ich mich knapp, aber klar dagegen entschieden. Interessanterweise entdeckte ich erst in meiner Lehranalyse, dass genau diese Entwicklungszweige von den Frauen, die ich liebte, realisiert wurden: Irene, die Geigerin, Grit, die Malerin, Konstanze, die Tänzerin, und Annette, die Galeristin. Es gibt also hinter den Zufällen der Liebe auch einen roten Faden, ein Gesetz der Wahrscheinlichkeit – vielleicht in Gestalt dessen, was einem innerlich zu realisieren vorschwebt. Andererseits ist das die Frühzeit meiner Liebesbeziehungen. Eine reifere Phase ist indirekt nachzulesen in dem Buch *Die Liebe ist das Kind der Freiheit* und eine späte Periode in den folgenden drei Zwiegesprächsbänden.

Dieses ganz persönliche Erleben wird in der Regel unterschlagen, doch ist es konstituierend für meinen wissenschaftlichen Werdegang, für die Entwicklung der Ideen und Impulse. Einige Lehrer müsste ich auf diesem Wege ehren, nur auf den einflussreichsten möchte ich besonders hinweisen: Horst-Eberhard Richter. Wir fühlten uns nie in einem Lehrer-Schüler-Verhältnis, was die Qualität der Beziehung wohl am besten charakterisiert. Ohne ihn wäre mein Lebenslauf anders. Wir trafen uns schon vor vierzig Jahren,

1960 in Berlin, als er Oberarzt in der Psychiatrie und Leiter des Berliner Psychoanalytischen Instituts war. Seiner Initiative für die vierzehntägige Paarkurztherapie ist auch mein erstes berufliches Engagement in Zweierbeziehungen zu danken. Aber der Einfluss eines «Lehrers» lässt sich nie nur auf ein Ressort beschränken – er durchdringt nahezu alle Einstellungen.

III. Persönlicher Lebenslauf

Für mich lautet eine entscheidende Frage: Warum engagierte ich mich lebenslang und so unermüdlich im Bereich der Beziehung, sozusagen dem Flussbett der Liebe? Ich sehe meinen Fall als exemplarisch an, vielen anderen dürfte es ähnlich ergehen. Wer sich so intensiv der Bindung und Liebe widmet, ist wohl auch selbst sehr bedürftig nach ihr. Das wäre die erste Antwort. Aber woher diese intensive Sehnsucht?

Aus der Jules-Verne-Verfilmung *In achtzig Tagen um die Welt* (USA 1956) stammt die Frage einer schon fast verliebten indischen Prinzessin über den geheimnisvoll verschlossenen Helden: «Hat es in seinem Leben Frauen gegeben?» Worauf Passepartout, der in alles eingeweihte Diener des Helden, zurückhaltend und trocken antwortete: «Ich nehme an, er hat eine Mutter gehabt.»

Es dürften in erster Linie also die Persönlichkeit und die Situation meiner Mutter in den Kriegsjahren gewesen sein, die mich vorzeitig in die Selbständigkeit stießen. Ich wurde sozusagen ins Exil der Autonomie geschickt. So konnte ich mich nicht nur darüber freuen, dass ich als Ältester so lange der Liebling meiner Mutter war, bis meine Brüder dann in diesen Genuss kamen. Die Abhängigkeitswünsche, die Anlehnungsbedürfnisse wurden kurz gehalten. Von der Mutter geliebt zu werden, versieht einen zwar lebenslang mit Kraft und Hoffnung. Doch haben Wunschkinder selten ein Leben nach ihren Wünschen. Sie sind eben Erfüllungsgehilfen elterlicher Erwartungen (Richter 1963). Doch war es der innigste Wunsch meiner Mutter, möglichst ausführlich mit mir über das zu sprechen, was ich erlebt hatte. Die Selbstoffenheit, das heute so berühmte Opening-up, wurde mir so in die Wiege gelegt.

Mein Engagement für die Beziehung wurzelt also doppelt und ambivalent in der Mutterbindung: zum einen, um den Urkonflikt zu lösen, der in der Liebe so deutlich spürbar wird, nämlich den zwischen Autonomie und Abhängigkeit, lebensgeschichtlich genauer: um meine Abhängigkeitswünsche zu integrieren; zum anderen, um den mütterlichen Autonomieauftrag zu meistern.

Und jedem wird klar, dass die Entwicklung der Zwiegespräche jenes Miteinander-Sprechen realisiert, das der Sehnsucht meiner Mutter und zugleich meinem Beziehungswunsch entsprach. Die Reinszenierung des traumatischen Zustands und zugleich der

Impuls, ihn zu beheben, machen in meinen Augen die stärkste Bindung an eine selbst gesetzte Aufgabe wie übrigens auch an einen selbst gewählten Lebenspartner aus.

IV. Kriegsauswirkungen

Alles wäre jedoch anders geworden, wäre meine frühe Kindheit nicht in die Nazizeit mit dem Ausbruch des Zweiten Weltkrieges und der Vernichtung der Juden gefallen. Meine Mutter hat sehr darunter gelitten, und ich weinte als Dreieinhalbjähriger lange, als mein Vater in den Krieg ging – als Funker, um keinen Menschen töten zu müssen –, während die Kinder meiner Straße beim Abschied jubelten und Hakenkreuzfähnchen schwangen. Der Verlust so gut wie aller Beziehungen mit noch nicht einmal vier Lebensjahren, als wir aus Furcht vor Bombenangriffen von Hamburg nach Schlesien umzogen, prägte vermutlich tiefgehend mein Leben. Ich verlor für die Kriegsjahre meinen Vater, meine Mutter (die für einige Monate zur Geburt meines jüngsten Bruders nach Wien ziehen musste), meine geliebte Kinderfrau Lotte, alle Spielgefährten, meine Heimat, sogar meine Sprache, da im Dorf bei Habelschwerdt mir unverständliches tiefstes Schlesisch und kein Wort Hochdeutsch gesprochen wurde.

Dort wurde der Beziehungsverlust noch fürchterlicher, weil ich jährlich für die sechs Monate Winterzeit (vom ersten Oktober bis ersten April) in ein paramilitärisches Nazikinderheim kam. Meine Mutter hatte in dem abgelegenen Dörfchen für uns alle nicht genügend zu essen. Sechs Monate – und das bis zur Flucht vor der nahenden Roten Armee viermal hintereinander – sind für ein Kind eine unübersehbare Ewigkeit in einem kalten Rahmen.

Diese summierten Beziehungsverluste bilden sicherlich den entscheidenden Boden für mein ausgeprägtes Interesse an erfüllten Bindungen – letztlich also auch das Fundament für diesen Preis. Sie sind ein Kriegsnebenschaden. Hätte meine Mutter sich geborgener fühlen können, hätte sie auch eine andere Kinderbeziehung gehabt. Ich glaube, die Persönlichkeitsstrukturen und das Milieu stehen psychodynamisch gesehen in einem Multiplikationsverhältnis – ein Zusammenhang, den nur wenige Analytiker realisieren. Fürchterlich genug waren also diese Brüche, aber wie unbedeutend gegenüber dem Leiden und Sterben ringsum. Ich hatte kein Recht zu klagen. Erst in den letzten Jahren kommen Trauer, Wut und endgültige Ohnmacht über diese Verheerung meiner Kindheit auf.

Alles lässt sich aus diesen Zeiten und Folgen ableiten. Selbst meine Hinwendung zur Gruppenanalyse entspricht dem Wunsch, eine geschlossenere, bessere Familie zu gewinnen, als ich sie hatte. Und noch präziser, fast kaum glaubhaft: Die von mir 1977 gegründeten GRAS(Gruppenanalyse)-Seminare liegen in völlig bewusstloser Reinszenierung exakt auf den Terminen, die Anfang und Ende meiner Kinderheimzeit oder meiner Rückkehr zur Mutter markieren: Anfang April, Anfang Oktober.

V. Die Gruppen, in denen ich lebe

Der Gruppenanalyse verdanke ich die Einsicht in die Beziehung, ja die ganze Theorie der Zweipersonendynamik. In großer Verdichtung formuliert, reinszeniert das Paar im unbewussten Zusammenspiel – der *Kollusion*, wie sie etwa Henry Dicks und Jürg Willi beschrieben haben – von morgens bis abends noch unerledigte, meist aus früher Kindheit stammende Situationen, um diese anstehenden inneren Aufgaben bei den aktuell veränderten Bedingungen der Lösung ein wenig näher zu bringen.

Wenn die Liebe auch die größten Wunden schlägt, so ist sie doch zugleich die stärkste Heilkraft. Sie ist allein imstande, die Verletzungen, die sie hervorruft, zu beheben. Polar gesehen: Erkrankung und ihr Heilmittel in einem.

Meine erweiterte Herkunftsfamilie mit einer Fülle geliebter Tanten, meine Liebesbeziehungen, die ich schon im elften Lebensjahr bis auf meine Kinderfrau Lotte und meine Mutter zurückgeführt habe und die sich dann durch mein ganzes Leben zogen, meine erste Ehe mit Marina Gambaroff, mit der mich trotz unserer Scheidung eine tiefe Freundschaft verbindet, unsere Kinder Nina und Nikolas, meine jetzige Frau Célia Maria Fatia, ohne die kein Band des Zwiegesprächquartetts hätte entstehen können, und unser kleiner Sohn Nuno Paolo, alle Freunde und Freundinnen, meine Arbeitsgruppen, in deren letzter, der aktuellen neunten, ich mich besonders aufgehoben und glücklich fühle, und viele Menschen, die zu meinem Lebenskreis gehören, nicht zuletzt alle, die über Jahre in meinen Paargruppen an sich und ihrer Liebe arbeiten, meine autonome Gruppe und die Grasianer – sie alle bilden die schöpferische Matrix, wie die Gruppenanalyse das unbewusste Beziehungsgeflecht bezeichnet, das letztlich und immer unbeachtet Energie und Ideen hervorbringt, um Werke entstehen zu lassen. Ich gehöre nicht zu denen, die besonders an individuelle Leistung glauben, nicht einmal an den besonderen Wert von Planung. Viel mehr als wir denken sind wir «Gelegenheitsarbeiter». Wenn ich auch die Auszeichnung mit Freude entgegennehme, so doch im Bewusstsein, dass ich ein Symptom, ein Knotenpunkt in einem Netzwerk bin. Und wer will bestreiten, dass gerade dieser Preis der Liebe multipersonal ist?

Literatur

Dicks, Henry V.: *Marital Tensions*. Clinical Studies towards a Psychological Theory of Interaction. New York: Basic Books 1967

Richter, Horst-Eberhard: *Eltern, Kind und Neurose*. Psychoanalyse der kindlichen Rolle. Stuttgart: Ernst Klett 1963; als Taschenbuch nach der zweiten Auflage von 1967 im Rowohlt Taschenbuch Verlag, Reinbek, seit 1969, zuletzt in der 30. Auflage im November 2000

Vaillant, George E.: *Adaptation to Life*. Boston, Toronto: Little, Brown and Company 1977. Deutsche Ausgabe: *Werdegänge*. Erkenntnisse der Lebenslauf-Forschung. Übersetzt von Lieselotte Mietzner. Reinbek: Rowohlt 1980

Willi, Jürg: *Die Zweierbeziehung*. Spannungsursachen – Störungsmuster – Klärungsprozesse – Lösungsmodelle. Analyse des unbewussten Zusammenspiels in Partnerwahl und Paarkonflikt: das Kollusions-Konzept. Reinbek: Rowohlt 1975; als Taschenbuch im Rowohlt Taschenbuch Verlag, Reinbek, seit 1990, zuletzt in der 13. Auflage im Juli 2001

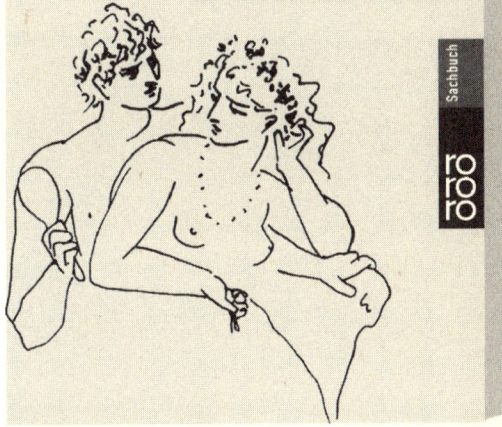

Michael Lukas Moeller
Gelegenheit macht Liebe
Glücksbedingungen in der Partnerschaft
(rororo sachbuch 61169)

In diesem Buch geht es um etwas Entscheidendes, was viele Paare sich aber zu fragen vergessen: «Was sind die für mich und damit für uns beide wichtigsten Liebesbedingungen?»

- Konfliktfähigkeit statt Konfliktlosigkeit
- BIG NINE. Die neun bedeutendsten Paareinsichten
- Dynamik aushäusiger Verliebtheiten
- Windrose der Wirkungen
- Allgemeine und die Vielfalt besonderer Zwiegespräche

rororo Sachbuch

Michael Lukas Moeller
Worte der Liebe
Erotische Zwiegespräche
Ein Elixier für Paare
(rororo sachbuch 60433)

Das Buch möchte Lust darauf machen, sich auf den Weg zu begeben: Erotische Zwiegespräche von Paaren, Freunden und Freundinnen aller Altersklassen, Essays zu Momenten dieser Art liebesfördernder Dialoge sowie Beispiele aus Seminaren machen diesen Band zu einem Aphrodisiakum.

«Ohne Psycho-Wortgeklingel analysiert Moeller verbale Duelle – und macht Lesern Mut zum Selbstversuch.»
Spiegel Special

rororo Sachbuch

Michael Lukas Moeller
Die Liebe ist das Kind der Freiheit
(rororo sachbuch 60594)

Wir alle wissen, dass sich Gefühle nicht erzwingen lassen. Aber was ist denn diese Kunst der freien Bindung? Wie lassen sich Freiheit und Bindung vereinen?
Die vier Kapitel dieses Buches sind ein Beitrag zur erotischen Kultur.

Michael Lukas Moeller, geboren 1937 in Hamburg. Psychoanalytiker und Paarexperte. Als «Papst der Paare» führte er zahlreiche Innovationen in die Paargruppen-Analyse ein. Für sein Quartett der Zwiegesprächsbücher im Rahmen seines Lebenswerks wurde er im Jahr 2000 mit dem ersten «Internationalen Otto Mainzer Preis für die Wissenschaft von der Liebe» ausgezeichnet.

rororo Sachbuch

Michael Lukas Moeller
Die Wahrheit beginnt zu zweit
Das Paar im Gespräch
(rororo sachbuch 60379)

Gibt es überhaupt noch eine Chance für eine bessere Beziehung? Mit Sicherheit ja. Miteinander Reden macht glücklichere Paare. Nur wie? Der entscheidende Weg ist das wesentliche Zwiegespräch. Ein Paar: «In den letzten drei Monaten haben wir mehr voneinander erfahren als in den zehn Ehejahren vorher.»

Michael Lukas Moeller, geboren 1937 in Hamburg. Psychoanalytiker und Paarexperte. 1973-1993 Professur für Seelische Gesundheit in Gießen. Seit 1983 auf dem Lehrstuhl für Medizinische Psychologie in Frankfurt am Main. Als «Papst der Paare» führte er zahlreiche Innovationen in die Paargruppen-Analyse ein.